U0087765

近代領航人物

悲慘世界浪漫心

雨果

張純瑛　著

三民書局

打開每個人心中的「想像盒」

七十多年前，法國著名作家「安東尼・聖修伯里」寫過一本廣受歡迎並流傳至今的童話——《小王子》。書中那個好奇又好問的小男孩來自外星球，他純淨的心靈和真摯的感情，一直陪伴著我們地球上一代又一代人的成長。

作家聖修伯里曾經為小王子畫過一個可以讓綿羊居住的盒子。而作家自己也擁有一個珍寶盒，裡面收藏著老照片、舊信件和許多小玩意兒，他常常去翻弄這個盒子，想從中尋找創作的泉源。

三民書局的出版團隊也有這麼一個盛滿「想像」的大盒子，裡面匯集了編輯們經年累月的經驗、心得，以及來自作者、插畫家等的好主意和新點子。多年來，這個團隊不斷為小讀者們出版優秀的人物傳記、勵志叢書等。董事長劉振強先生認為這是出版人的使命，一個好傳統一定要延續下去，讓小讀者永遠有好書可讀，而且每一套書都要精益求精，各具特色。

因此，當我們開始構思下一套新書的方向，如何能夠既延續傳統，又能注入不同的角度和活力，呈現出一番新的面貌，便成為我們的首要考量。

編輯團隊圍坐在一起，慎重的打開我們的「想像盒」，希望從盒裡累積的智慧中汲取靈感。盒內的珍寶攤滿了桌面，眼前立即出現許多引導性的話語，大家一面仔細挑選，一面漸漸理出一個脈絡。

「書寫近代人物，更貼近小讀者的心靈。」

「介紹西方人物，增強小讀者對全球人物的興趣。」

「撰寫某個行業或某個領域中最有代表性的人物，他們的成就

對後世有重大影響，對小讀者有正面啟發作用。」

「多用說故事的方式寫作，以增加趣味性。」

「想像盒」就這樣奇妙的為我們搭起了一個框架，編輯團隊在這個架構中找到了方向，大家興奮的為新叢書定名為「近代領航人物」系列，並決定先從介紹西方人物入手。

框架既已穩固，該添進內容了。如何選取符合條件的撰寫對象，是編輯團隊的再次挑戰。我們又打開了「想像盒」……

「叮」的一聲，盒內跳出一個“THINK”的牌子，大家眼前一亮，「那不是 IBM 公司創始人湯姆士·華生的座右銘嗎？意思是要我們海闊天空的去想像，才能產生創意啊！」於是，話匣子打開了。

有人說：「我們每個人手裡都拿著手機，不需要長長的電話線連接，就能無遠弗屆的與人聯繫，但對有『無線電之父——馬可尼』之稱的這個聰明人，我們知道的並不多。」

有人說：「啊！有了，我們何不請最喜歡開飛機的聖修伯里帶大家到義大利去拜訪馬可尼呢？」

有人說：「馬可尼不是已經拍來電報，為我們安排好去巴黎看可可·香奈兒的時裝展示會了嗎？還要去倫敦聽約翰·藍儂的搖滾音樂演唱會哩！」

有人說：「我對時裝展示會沒有太大興趣，但是既然去了巴黎，我倒是很想去看看大文豪雨果筆下的聖母院，也許會碰見那個神祕的鐘樓怪人！」

有人說：「我希望去倫敦時，能走訪唐寧街十號，一睹英國第一位女首相，鐵娘子柴契爾夫人的丰采。」她輕輕咳嗽了一聲，接著說：「我的肺炎剛痊癒，是用了抗生素才治好的。聽說抗生素是英國細菌學家弗萊明發現的，我也想順便彎去他在倫敦的實驗室參觀一下。」

有人附議：「那太好了，我可以在路邊書報攤買本英國大經濟學家凱因斯主編的《經濟期刊》來一讀。」

有人舉起手來，激動的說：「我原是個害羞沉默的人，自從去上了卡內基的人際關係課程後，才學到怎麼樣表達自己。我想說出我的心願，那就是去美國華盛頓的林肯紀念碑前，聆聽人權鬥士馬丁・路德・金恩博士精彩動人的演講〈我有一個夢想〉。再去附近的國會山莊，參加約翰・甘迺迪的就職典禮，聽他充滿領袖魅力的經典名言，『不要問國家能為你做些什麼，要問你能為國家做些什麼。』」

有人跟著說：「我是環保和人道主義的支持者。既然我們到了美國，我想去緬因州，到環保使者瑞秋・卡森收集海洋生物標本的海邊去走一走。也想去紐約的聯合國兒童基金會總部拜訪兒童親善大使奧黛麗・赫本。這兩位心靈和外表都美麗的女士，一直是我最崇敬的偶像。」

看到大家點頭同意，他急忙追加：「啊，如果還能去洋基球場觀看棒球巨星貝比・魯斯在球場啟用那天轟出的第一支全壘打，那我就太滿足了……」

編輯們彼此會心一笑，這是討論時常有的現象，抱著「想像盒」，天南地北，穿越時空。我們總嘗試以開放的思路，為「傳記」類型的叢書增添更多的新意。

這時一陣歡笑聲響起，原來是美國物理學家費曼為慶祝自己得到諾貝爾獎而開的派對。賓客中有許多知名之士，第一位登陸月球的太空人阿姆斯壯也在其中。聽說費曼正在調查挑戰者號太空梭故

障的原因，阿姆斯壯是他最好的太空顧問！費曼是位科學家，但他興趣廣泛，音樂、舞蹈樣樣精通。只見他隨著熱情洋溢的森巴舞曲，一面打著鼓，一面與現代舞創始人瑪莎・格蘭姆翩然起舞。

「別鬧了！費曼先生。」門口走進一位胖嘟嘟，面無表情的老頭，把大家嚇了一大跳！只見他拿起手上的擴音器說了一聲「卡」，啊啊，難道他就是那位驚悚片大導演希區考克？

他嚴肅的接著說：「受世人景仰的南非自由鬥士曼德拉先生剛剛辭世。請大家起立致敬。」

我們這趟「穿越之旅」中的二十位人物即將登場，希望他們的領航故事也能開啟小讀者心中的「想像盒」，將來或可成為另一個新領域中的領航人，傳承發揚人類的智慧和文明。

在此特別感謝為小讀者說故事的作者們，除了正文之外，他們都特別增寫了一篇數百字的「後記」，提綱挈領的道出各撰寫人物對世界的影響，提供小讀者更明確的閱讀指標。同樣也感謝繪製精彩畫面的插畫家們，為使圖文搭配相得益彰，不惜數易其稿。對編輯團隊能讓叢書順利的如期出版，我心存感激。對充滿使命感、長期為小讀者做出貢獻的三民書局，我致上最高的敬意。

對您，選擇讀這套叢書，我誠懇的說聲「謝謝」。有您的支持，讓我們有信心為小讀者打造更多優良讀物。

2013 年歲末寫於臺北

經過半年的撰寫和修改，我終於完成《雨果》這本書。看到雨果那張為人熟悉的白髮白鬍照片，心中不禁湧起濃厚依戀。現在我才了解，傳記的作者會進入描述的人物故事中，成為與主人翁心靈相通的一個密友。

小學時我就讀過雨果的《鐘樓怪人》和《孤星淚》(《悲慘世界》的另一個譯名)；在美國觀賞過《悲慘世界》的音樂劇和電影，非常喜歡義大利作曲家威爾第改編自雨果《國王尋樂》劇本的著名歌劇《弄臣》，經常聽到人家引用雨果的名言，這些就是我對雨果的粗淺認識。

為了撰寫雨果，我開始讀兩本雨果的英文傳記和上網尋找補充資料。我沉浸在雨果的世界中，和他擠在顛簸的馬車內，一起到義大利、西班牙去探望身為省長的父親；看他在寒冷冬夜爬出被窩，瑟縮於寄宿學校閣樓的一角，偷偷振筆直書；與他並肩在大太陽下走五十里路，去看思念的女友；跟他共享新戲讓觀眾起立喝采的愉快，也陪伴他無奈接受讀者冷淡的反應；為他面對士兵槍枝，替巴黎民眾譴責獨裁皇帝捏一把冷汗；和他一同潛逃出法國，從一地流亡到另一地，長達十九年；再隨他悲喜交集回到烽火硝煙下的巴黎；為他一再失去心愛的親人傷心落淚，也為他得到全法人民的敬愛而深深感動。我見識了雨果不平凡的種種，也了解到他性格上的軟弱缺陷。

半年來我和雨果幾乎形影不離，陪伴他從戰地寶寶一路走來，直到他的棺木進入法國先賢祠安息。他的八十三年漫長人生，正逢法國歷史上最動亂的政治改變時期，從大革命到建立真正的民主共和國，人民與野心家不斷在民主和專制間拔河。雨果憑著智慧和勇

氣，在亂世中以自己的生命為白紙，行動為筆，創造出比他眾多作品更精彩萬分的真實故事。

我讀著雨果各種不同風格的作品，踩著他走過的足跡，簡直眼花撩亂，啊！雨果的人生和作品都是那麼豐富離奇，遠遠超過《鐘樓怪人》和《悲慘世界》這兩部人人都知道的小說。

非常感謝三民書局讓我有機會走過這段美好的旅程。現在，我把《雨果》一書當做一輛馬車，邀請讀者坐上來，讓它帶你踏上雨果旅程，好好欣賞沿途變幻不已的風光吧！

張純瑛

自臺大外文系畢業後，獲得美國維拉諾瓦大學電腦碩士學位，一直在美國擔任電腦程式設計職務。休閒時間勤於寫作。作品入選多本散文集，包括《九歌 101 年散文選》。為美國《漢新月刊》撰寫「實說心語」專欄長逾十年。

2001 年以三民書局出版的《情悟，天地寬》榮獲僑聯總會華文著述獎散文類第一名，另獲東方文學獎、長榮寰宇旅遊文學獎。1998 至 2000 年，連續三年獲得北美《世界日報》極短篇小說獎與旅遊文學獎。

她是海外華文女作家協會第十三屆會長，主辦 2014 年雙年會。曾任華府書友會會長，現任華府音樂賞析沙龍會長。

另著有散文集《那一夜，與文學巨人對話》、《天涯何處無芳菲》，傳記《吹奏魔笛的天使——音樂神童莫札特》、《吟詩的劇神——莎士比亞》。譯有印度詩人泰戈爾的《漂鳥集》。

悲慘世界浪漫心

雨果

目次

CONTENT

雨　果

1802～1885

Victor Marie Hugo

01 好久不見了，爸爸

「到了，到了。」小雨果被二哥友敬推醒，坐正了身子，轉頭看向窗口，馬車已放慢速度，行駛在綠色的莊園中。雖然入冬，義大利的陽光仍然比巴黎亮麗暖和。

從巴黎出發，兩個月來不斷問媽媽什麼時候到父親官邸的小雨果，馬上就要見到爸爸了。

馬車停在雄偉的阿韋利諾皇宮前，早有僕人前來攙扶媽媽和雨果三兄弟下車。等他們站定，只見臺階上下來一群人，最前面穿著軍服的那位男士笑得好大聲，他張開手臂喊道：「歡迎我的小寶貝們！」

十歲的大哥埃伯和八歲的二哥友敬，立刻朝他跑去，一邊嚷著：「爸爸！爸爸！」這就是他們的爸爸嗎？小雨果好奇的盯著那位男士看。

紅光滿面的臉，飽滿得像一顆秋天的蘋果，上面插著一只肥大的鼻子。胸與肩非常寬厚，雖然個子不高，但在五歲的小雨果眼中，爸爸像極了一座厚厚敦敦的小山。

爸爸蹲下身子，左親右親兩個兒子，終於將炯炯有神的眼光投向小雨果，笑呵呵的說：「啊！這就是維克多嗎？長成一個小壯丁囉！當年生下來時，你媽老說你不比一把小刀長呢！」

小雨果把臉貼在媽媽的蓬裙上。媽媽的確常說，他生下來時比一般嬰兒要小得多，接生婆擔心他可能長不大。十五個月大的時候，他那特別大的頭還沒有力氣舉直，倒向肩膀，模樣很滑稽。不過現在他可是個正常的六歲孩子，爸爸在眾人面前這樣講他，怪難為情的。

爸爸走過來擁抱媽媽，然後彎下腰，扳過小雨果的臉來親，笑問他：「嗨，小傢伙，不認識爸爸了嗎？一歲多時，你叫我男媽媽，還記不記得？」四周的人哈哈大笑，爸爸兩手將雨果高舉過頭。他像一隻快樂的小鳥，飛翔在空中，地上的友敬朝他扮鬼臉。

「和爸爸在一起，多好！」小雨果滿足的笑了。

1802年2月26日，維克多‧雨果出生在法國靠近瑞士的貝桑松。父親約瑟夫‧雨果是軍隊裡的一名少校。

當他只有六星期大時，約瑟夫隨軍調駐到馬賽。小雨果在媽媽的懷裡，一面吸著奶，一面聽著馬車旁傳來的戰鼓與士兵的皮靴聲。長大後，他很自豪自己曾是個戰地寶寶。

九個月大時，爸爸聽說有人在巴黎對掌權的拿破崙講自己的壞話，便請雨果的媽媽前往巴黎，找他的好友想辦法。媽媽只好將三個年幼的兒子交給保姆，暫時離開。

爸爸帶著三兄弟，又隨軍隊先後調到拿破崙的故鄉科西嘉島，和拿破崙後來被囚禁的厄爾巴

島。可憐的大小四個男人，沒有媽媽的照顧，天天吃著保姆塞給他們的甜食。小雨果才剛學會講話，他不斷喊著「男媽媽」，不曉得是不是把法國小甜點馬卡龍的法語發音念錯了呢，還是把爸爸當媽媽看？小小年紀的他，多渴望媽媽的愛。

一直到雨果一歲五個月大，媽媽才來和他們團聚。四個月後，媽媽覺得隨著軍隊搬來搬去對孩子不好，就帶三個兒子回巴黎。

一轉眼四年多過去了，這次來見爸爸，小雨果已經快要滿六歲。他完全不記得以前和爸爸相處的情形，甚至和「男媽媽」相依為命的八個月，也沒有在他腦海裡留下一點印象。爸爸，對他來說就是一個陌生人。

02 走了國王，來了皇帝

那麼，雨果爸爸究竟是怎樣的一個人呢？為什麼他能讓一家人住進阿韋利諾皇宮？我們先來了解一下那個時代。

那年頭，法國政治激烈變動。雨果出生前十三年，法國國王路易十六一家和貴族們，過著奢侈糜爛的生活，而許多老百姓三餐不繼。當時流行一個傳說，有人告訴王后人民餓得沒麵包吃，她反問：「那他們為什麼不吃蛋糕呢？」住在皇宮內的王后，真的不明白為什麼有人餓肚子。

1776年，移民到美洲的英國人民，因不滿意英國國王喬治三世隔著大西洋對他們收重稅，於是組織軍隊反抗英國，終於取得勝利，建立美利堅合眾國。路易十六為了報復法國的死敵——英國，便以金錢和軍隊援助美國人打獨立戰爭；但他沒有想到，法國援助美國獨立戰爭，其實也間接傳遞一種觀念給法國人民：如果國王讓人民不滿意，人民可以推翻他。

1789 年 7 月 14 日，長期吃不飽的憤怒人民，衝進巴黎的巴士底監獄，放出被國王囚禁的犯人，搶劫裡面的軍火，為反抗王室的法國大革命吹起了號角。1793 年，他們將路易十六送上斷頭臺，結束了長期的王室統治。

推翻王室的人裡面，有很多是知識分子，他們受到 18 世紀伏爾泰等思想大師自由、平等、博愛理念的啟發，覺得國家不該由國王一個人統治，而應透過選舉組成議會，集體領導國家。人人生而平等，應該靠著自己的努力獲得受人尊敬的社會地位；不應該有人生在貴族家庭，不用努力，就能享受高人一等的生活。有這種信念的人，後來更主張廢除王室，建立共和國，因此被稱為「共和國派」。

消除王室後，共和國派又分裂成不同支派爭奪權力，甚至以非常殘酷的手段殺害大批意見不同的人，其中又以1793年9月到1794年7月這段日子最血腥，稱為「恐怖統治」。

同一時期，其他的歐洲國家仍然由王室治國。他們看到法國百姓居然起來推翻國王，簡直嚇壞了，因此在法國大革命後的第三年，由西班牙、那不勒斯、英國、尼德蘭（今荷蘭）各邦、奧地利、普魯士（今德國）等國家，組成聯軍，向法國共和國派宣戰，想幫助法國貴族恢復王室統治。

共和國派的軍隊迎面痛擊聯軍，趕走入侵的敵人，還乘勝追擊，占領了比利時和萊茵河谷的部分土地。漂亮的戰功，使得一位年輕軍官聲名大噪。他，就是拿破崙．邦拿巴提。

隨後，歐洲各國仍然不服輸，一再組成聯軍與法國交戰。連連獲勝的拿破崙，權力越來越大，終於在1799年，也就是法國大革命的十年後，發動政變，並在1804年正式登上皇帝寶座，建立法國第一帝國。

那年，小雨果兩歲。

他的爸爸是共和國派。共和國派推翻王室，原本是希望建立一個由人民選出議員來統治的國家。沒想到經過十五年的社會動亂，法國還是恢復到一人做主的專制社會。

據說，大音樂家貝多芬非常支持法國大革命推翻王室與貴族的理念，覺得讓平民參政，是多麼偉大的理想！他把拿破崙當英雄看，將他創作的《第三號交響樂》題字，準備獻給拿破崙。但

當貝多芬聽說拿破崙竟然自己也做起皇帝，真是氣瘋了，把題字撕得粉碎。

雨果爸爸並不覺得拿破崙做皇帝有什麼不好， 因為他在拿破崙的軍隊中已做出一番大事業。法國軍隊攻占了那不勒斯王國，拿破崙派哥哥約瑟夫・邦拿巴提去做那不勒斯國王。雨果爸爸是約瑟夫・邦拿巴提的愛將，被任命為阿韋利諾省長，當地的一座皇宮成為省長的官邸。雨果一家就這樣住進了皇宮。

03

威風神氣的軍人老爸

這幾年，雨果爸爸面對歐洲聯軍，打了不少場勝仗，越來越受約瑟夫・邦拿巴提看重。他升為上校，當了省長，有一段時間不必再隨著軍隊東奔西跑，雨果媽媽因此帶著三個兒子去阿韋利諾與他團聚。

雨果爸爸非常忙碌，三個孩子很難見上他一面。有時他們只能站在窗口，遠遠觀看穿著筆挺軍服的爸爸跨上馬，後面跟著一群士兵，很神氣的走出寬敞的皇宮前院。

如果有時間和兒子們在一起，雨果爸爸總是滔滔不絕的誇耀他在戰場上的神勇表現。他最喜歡拉高褲管，讓孩子們看看他的疤痕。子彈還曾穿過他的頸子呢！他也經常提起兩次在戰場上，騎的馬被射殺倒地，他卻毫髮無傷的驚險經歷。

雨果爸爸也帶他們去軍營。小雨果總是用羨慕的眼神，仰頭看著那些軍人。有佩帶晶亮戰刀的步兵，也有拿著長矛，威風凜凜的騎兵。還有鬃毛紅得像火的高大戰馬，和堆滿槍枝的篷車。高聳的崗哨，似乎可以碰觸到天空。長大後，這些印象都被雨果寫入詩中。

孩子們都喜歡有一肚子故事和笑話的爸爸；講笑話前，爸爸會先像兔子一樣，把鼻子皺起來。爸爸眼中的兒子們，又是什麼模樣呢？他在寫給小雨果祖母的信裡說：

「埃伯最友愛，高而有禮，比同年齡的孩子謹慎，與他的兩個弟弟一樣好脾氣。

友敬有世上最英俊的臉孔，如同水銀一樣好動不停，我猜他不像哥哥與弟弟愛讀書。

最小的維克多好學，他和哥哥一樣謹慎，非常體貼。他不多話，但總是說到要點。他的想法常讓我一驚。他有一張甜美的臉。」

這段在義大利的歲月裡，父子們都非常享受共處的時光。一年後，拿破崙派約瑟夫・邦拿巴提去西班牙做國王，爸爸也接到命令離開阿韋利諾，一同前往馬德里。媽媽決定帶三個兒子再回巴黎。

04

難忘的南歐美景

一年前從巴黎來義大利的路上，他們越過雄偉的阿爾卑斯山脈西尼峰。當時是1月寒冬，有一段路，兩個哥哥騎著騾子，小雨果和媽媽坐上雪橇，滑行過白雪皚皚的山路。他們看到一座座山峰，好像無聲的海浪在湛藍的天空下起起伏伏，峰頂的積雪就是那掀起的白色浪花。他們彷彿到了遠離凡間的天堂。後來在〈我的童年〉那首詩裡，雨果回憶：

聳立的西尼峰，老鷹喜愛那些高遠的岩石
從它雪流怒吼的穴洞
可聽到古老的冰雪，在我童稚的腳下咆嘯

他們也看到義大利的帕爾瑪城，整個泡在突發的洪水裡。在羅馬，他們走上著名的天使橋，欣賞尾端的城堡和橋下緩緩流動的臺伯河；也看到被朝聖者親吻了十五個世紀，而磨蝕得閃閃發亮的聖彼德雕像的腳趾頭。

依傍地中海的那不勒斯，讓小雨果看到無邊無際的寶藍色大海，他形容那不勒斯：「這城穿著白色的裙子，鑲著藍色的花邊」。他還在詩裡描寫：

那不勒斯，芬芳的海岸受春光洗滌
維蘇威火山為它撐起燃燒的帳幕

幸好，維蘇威這座活火山只是燃燒，並沒有爆發；西元 79 年，它可是發了一次大脾氣，爆發大量黑灰，把人口兩萬的羅馬古城龐貝掩埋於地下，到 18 世紀才被人挖掘出土。

小雨果也喜歡阿韋利諾皇宮。雨果兄弟第一次住在皇宮裡，亮晶晶的大理石地板和牆柱、燦爛的水晶吊燈、巨幅油畫和美麗的雕塑，都讓他們嘖嘖稱奇。他們打開一扇扇房門，探索裡面是不是藏著什麼祕密。幾天後，他們習慣了寬敞的皇宮，便上上下下跑著追著，回復到巴黎時候的嬉鬧。

那時，小雨果單獨睡在皇宮一間很大的臥房內，牆壁曾被地震震出了一條長長的裂縫，可以窺見室外的田野風景。

雨果兄弟也發現皇宮附近有一個峽谷，峭壁上長滿榛子樹。爬到高處不會頭暈的小雨果，像一隻靈活的小猴子，穿梭在枝枒間，採摘阿韋利諾有名的榛子果仁。

美麗的南歐，雪峰、大海、火山、皇宮，都在七歲的小雨果心頭灑下一粒粒種子，等他長大後，在他的畫筆下，重現一幅幅色彩鮮豔的景物，也在一首首詩中開出漂亮的花朵。

05 安靜慈愛的媽媽

本來就很文靜的媽媽，在回巴黎的路上更沉默了。可能是因為和爸爸相處過一段日子，再和媽媽一起坐在狹窄的馬車裡，孩子們都覺得缺少那永遠笑呵呵、大聲講故事的爸爸，周圍顯得特別安靜。

雨果的爸爸和媽媽，是一對在各方面都差別很大的夫妻。

爸爸約瑟夫・雨果的家鄉在法國東北部靠近德國的洛林省。媽媽蘇菲・崔伯謝則是出生在西北部的南特縣，位於面對英倫海峽的布列塔尼半島上。

約瑟夫・雨果出生於1773年。父親是一名木材商人，約瑟夫和四個兄弟全做了軍人。他受過不錯的教育，很喜歡冒險，十五歲就離開學校，加入軍隊。

蘇菲出生於1772年，是七個孩子中的老三。八歲失去了母親。她的父親終年在海上，隨船航行到非洲，裝載非洲人，再航向美洲的西印度群島，把他們賣給農場當黑奴，換取蔗糖帶回歐洲販賣。他病死於海外時，蘇菲才十一歲。

收養孤兒蘇菲的姨媽，是一位很有智慧的女性。她讓蘇菲念書，也在各方面深深影響到蘇菲。

蘇菲是虔誠的天主教徒；而約瑟夫對宗教不是很熱心。他屬於當時人們稱呼的「自由思考者」，他們不喜歡受到教義百分之百的拘束，寧願自己去思考人生的種種問題。

約瑟夫擁護共和國；蘇菲與養育她的姨媽一家人卻屬於支持王室的「保王派」。他們認為，國家由國王統治是天經地義的事，千百年來不都是如此嗎？換了共和國派統治，人民生活並沒有變得更好啊！

有一天，蘇菲在農莊散步，迎面走來一群士兵，他們問蘇菲有沒有看到一位逃亡的神父。蘇菲是天主教徒，很自然的就想把士兵們引開，讓那位神父可以從容逃走。

「神父？沒有哇！你們累不累？前面就是我家，要不要進去喝杯水？」蘇菲客氣的問。

這群士兵的小隊長，就是約瑟夫。他被這位有一雙褐色大眼睛，長得很清秀的少女吸引。之後一有空就會約她出來散步聊天，直到半年後他的部隊被調回巴黎。

回到巴黎後，約瑟夫不斷寫熱情的信給蘇菲，甚至向她求婚。兩年後，蘇菲前往巴黎，嫁給了比自己小十七個月的這位會甜言蜜語，又會

逗人開心的年輕軍官。當時兩人絲毫不在乎彼此的個性、信仰和政治立場完全不一樣，墜入了深深的情網。

雨果爸爸自豪的說過，他開朗的個性和任何人相處，只會交上朋友，不會結仇。的確，他愛講話，一出現，整個房間就很熱鬧。雨果媽媽卻總是安安靜靜的不出聲。她常對孩子們說：「你們要把事情放在心上，不要說出來。」然而，沉默的她其實是用心靜靜的觀察周圍的人們，留意他們是否需要幫助。她受的教育高於雨果爸爸，教導孩子們基本知識，也教導他們做人處事的道理。

例如，在雨果五歲多的時候，有一次在角落哭泣，媽媽為他換上女孩衣服，帶他上街，用這種方式告訴他，男孩子不可以靠哭泣解決問題。因為當時法國人認為只有軟弱的女人，才會在面臨困難時哭泣。

雨果從軍人爸爸那裡，繼承了勇氣和對生命的熱情；從媽媽那裡繼承了愛心、毅力和敏銳的感受力。雖然雨果一生並未真正貧窮過，但在他的許多小說裡，一再表達了他對窮人和弱者的同情與關懷，便是從小受到媽媽影響的緣故。

06

廢棄修道院裡的神祕客

回到巴黎，他們搬到佛揚亭街十二號，以前是一座天主教修道院，法國大革命後空了下來，現在出租給幾戶人家住。他們一家住在一樓，那裡有一個非常大的花園，讓喜歡種花的雨果媽媽很滿意，為了讓孩子參與、維護花園的工作，她指派孩子們放學後要先澆完花才能玩。

孩子們喜歡在大花園裡追逐、遊戲，他們尤其喜愛鞦韆。小雨果可以盪得很高，很高，幾乎躲進大樹濃密的綠葉裡。

這裡比阿韋利諾皇宮來得好的一點，是雨果兄弟有很多玩伴。其中比雨果小兩歲的女孩愛黛兒，她的爸爸皮耶．佛切爾和雨果爸爸以前是同事，她最愛坐在鞦韆上，急切的喊著：「推我，推我，維克多哥哥。」

小雨果每次都咬緊嘴唇，用力推，用力推，直到愛黛兒的鞦韆飛上天空，傳來她緊張又開心的笑聲。

小雨果並不是從早玩到晚，他開始上學了，和兩個哥哥到附近的小學去上課，每天六個小時，老師是一位天主教教士。

有一天，孩子們興奮又害怕的跑去告訴媽媽

他們的新發現：「媽媽，媽媽，妳知道嗎？教堂裡多了一張床，有位陌生人睡在聖壇後面。」

媽媽聽了，並沒有露出驚奇的神情。她想了一下說：「哦！他是爸爸的朋友柯藍戴斯叔叔，暫時寄住在這兒。」

晚飯時，雨果媽媽請柯藍戴斯一起過來用餐，將他介紹給孩子們。有著一頭黑髮的柯藍斯，臉上有一對烏黑的眼睛和一些痘痘疤痕，他個子不高，但服裝非常講究。他答應了雨果媽媽的請求，教雨果兄弟讀書。於是，除了學校的教士老師，他們又多了一位家庭教師。

在兩位老師的教導之下，聰明的小雨果識字能力進步得很快，例如媽媽常吩咐他們兄弟三人到當地的圖書館去幫她借小說。小雨果會拿起媽媽的小說看，雖然無法完全看懂內容，但他很有興趣半猜半讀，不時跑去問媽媽，這個字是什麼意思，那一句又在說什麼，無形中為自己打下良好的寫作基礎。

12月底一個寒冷的早上， 突然有人用力敲門，而且敲得很急。僕人打開門，一群警察衝進雨果家中，到處搜尋，一部分警察則四散在花園和教堂裡東找西找。

很快的，他們押著臉色蒼白的柯藍戴斯從教堂裡走出來，離開了雨果家。雨果媽媽像一座石膏像，紋風不動立在門口，盯著花園愣愣發呆。

原來柯藍戴斯真正的名字是拉瓦合，以前和雨果爸爸在同一個軍隊中，是好朋友。他和雨果媽媽是布列塔尼半島同鄉。雨果出生時，雨果爸爸請他當雨果的教父，並以他的名字維克多替雨果命名。

先前，雨果爸爸聽說有人在拿破崙面前講自己壞話時， 請雨果媽媽前往巴黎找的那位好朋友，就是拉瓦合。

拉瓦合後來加入了和拿破崙敵對的摩洛將軍陣營，他們曾經試圖暗殺拿破崙，但沒有成功，從此拉瓦合就成了通緝犯，好心的雨果媽媽顧念

往日情誼，而且身為「保王派」，她一向對拿破崙沒有好感，所以她同情反對拿破崙的拉瓦合，就收留了他。

拉瓦合被關了一年十個月之後，同夥假造文件，說拿破崙已死在俄國，要求釋放拉瓦合。他離開監獄，和同夥逮捕警察局長和兩個部長，自己做起警察局長，但只有半天時間就被揭穿，立刻遭到處死。

事發當天，雨果媽媽指著海報上拉瓦合的名字對雨果說：「記住這個名字。」他就是雨果難忘的教父，也是雨果認識的人裡面，第一個遭受處死的政治犯，讓他長大後思考，不同政治理念可能帶給人們的傷害。

07 迷人的西班牙

1811 年 2 月，雨果媽媽給雨果兄弟一本西班牙字典和文法書，對他們說：「爸爸升將軍了，我們要去西班牙和他團聚。」

約瑟夫・邦拿巴提征服了西班牙後，登基為西班牙國王，將雨果爸爸升為將軍，讓他掌理三個省分，還冊封他為西文札伯爵。這是因為雨果爸爸在西文札打破一堵教堂的牆，挖出游擊隊藏在裡面的大批財寶，這事讓他很得意，所以選了西文札作為封號。為了表示對雨果爸爸的重用，約瑟夫・邦拿巴提寫信邀請雨果他們來西班牙。

雨果媽媽帶著雨果兄弟乘坐的馬車，跟著一百多輛馬車，由法國軍人在四周保護。如果單獨上路，說不定會遭到西班牙游擊隊的攻擊。有一天雨果他們乘坐的那輛由六匹騾子拉的車子，因為一隻騾子倒下，整輛車滑下山坡衝往懸崖，幸虧一個輪子被石頭夾住才停了下來。士兵們將馬車推回路上。媽媽要孩子們冷靜，不要大呼小叫，表現媽媽的鎮定和教養。

這回從巴黎到西班牙，雨果已經九歲，比上回六歲去義大利更懂得欣賞新的景物，他睜大好奇的眼睛東張西望，很快就愛上西班牙狹窄的巷弄、鑲嵌著細花格窗子的房屋，以及像一朵朵花綻放在牆上的木造陽臺*。那些屋內的家具也都非常別緻，桌子的四腳扭成麻花；垂著蚊帳的床鋪刻著星星和條紋的裝飾；搖椅的把手做成天鵝頸的形狀；連壁爐裡盛放木頭的架子都雕刻成獅身人面像。雨果帶著又怕又愛的眼光，盯著這些奇形怪狀的家具看。

二十年後，雨果還能憑著記憶畫出那座只見

* **木造陽臺**：西班牙建築的一個迷人特色，是雕鏤精緻的陽臺凸出於牆上，常常裝飾性大於實用性。

過一次面的昂古藍姆大教堂，它開啟了雨果對哥德式教堂的興趣。

雨果一家住進西班牙馬德里一位王子馬撒瑞諾的皇宮。皇宮走廊兩邊掛著一幅幅馬撒瑞諾祖先的畫像，巨大的鏡子讓房間顯得更寬敞。兩個超大型的日本花瓶，是三兄弟玩躲貓貓的最好地點呢！

有時候，和雨果一起躲入大花瓶的，是一位比他大五歲的小姐姐裴琵塔，她有著水汪汪的大眼睛，一頭美麗的捲髮，金褐色的皮膚，紅唇粉頰十分亮眼。後來他寫的很多小說中，女孩都有類似裴琵塔的容貌。

雨果爸爸送三兄弟去一所貴族子弟學校念書。不久，他讓埃伯離開學校去西班牙國王身旁做侍衛，穿上鑲金邊藍制服，戴著白色羽毛帽，還佩了一把劍，讓兩個弟弟羨慕極了。友敬和雨果在學

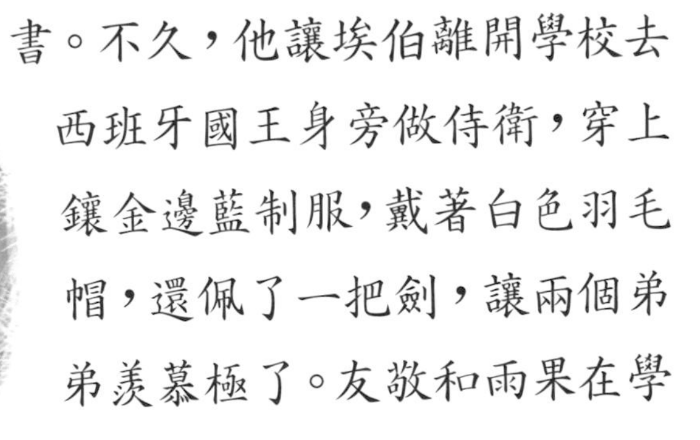

校也很神氣，同學羨慕他們住在皇宮裡，稱呼他們「子爵」，但也有幾個西班牙學生罵雨果兄弟是「拿破崙賊」，為此他們常常打起架來。

當地一度鬧饑荒，學校必須分配有限的食物給學生。雨果愛上了西班牙菜豆子燜肉，成為他終生喜愛的一道美食。

雨果爸爸喜歡和雨果兄弟誇耀他勇敢剿除土匪的事跡。但有一次，雨果看到一列提著燈籠的哀傷人群，跟在一位被逮捕的土匪後面，那人騎在驢上，背對著驢頭，要到廣場接受死刑。人群的哀傷表情深深的刻在雨果心頭。雨果長大後才明白，那些土匪其實是西班牙反抗法軍的游擊隊，他們保衛國家並沒有錯，卻遭受死刑的懲罰。他開始思考判決死刑的過程與理由是否公平，並且在日後終生反對死刑。

雨果在西班牙見到太多令他印象深刻的事情，以至於在他日後的好幾部劇本中，故事的發生地都設定在西班牙。

08 爸媽離婚

雨果兄弟在西班牙待了一年左右，西班牙的反抗軍在英國幫助下，擊敗入侵的法軍。法國開始撤出西班牙，約瑟夫．邦拿巴提將雨果爸爸調到法國希昂村駐防。十五歲的大哥埃伯被留在身邊當小兵， 雨果媽媽則帶著友敬和雨果返回巴黎，一路上他們看到落敗法軍的狼狽模樣。

他們搬回舊修道院的住處，生活又回到舊日的軌道，外面的世界卻發生天翻地覆的變動。

1814 年，歐洲聯軍攻入巴黎，拿破崙宣布退位，被聯軍放逐到地中海的厄爾巴島，他建立的帝國只有十年壽命。隨後，聯軍住進民房，雨果家也被占用。流亡英國的路易十八回到法國，恢復了被法國大革命中斷的王朝。法國大革命爆發以來的二十年間，全國死了將近一百萬人，其中一半人的年齡不到二十八歲。

拿破崙退位後，雨果爸爸仍駐防在希昂村，他先讓埃伯離開軍隊，回家團圓。幾個月後，雨果爸爸也來到了巴黎。由於夫妻倆長期分隔兩地，個性、信仰等等又不一樣，感情已變得很淡薄，兩人於是商量離婚。

雨果爸爸返回軍中前，讓姑姑馬丁夫人做友敬和十二歲雨果的監護人，也將兄弟倆送到寄宿學校去。雨果兄弟不喜歡姑姑，只是維持禮貌，稱她「夫人」。他們向爸爸抱怨姑姑不給他們錢買文具等日用品，可能是爸爸沒有以往有錢，他不

再是西班牙的貴族了，雨果兄弟甚至得穿縫了補丁的舊衣。

其實姑姑很愛他們，她過世時，還把多數財產都留給了雨果兄弟。

1815 到 1818 年三年半的時間，他們都住在學校。直到雨果十六歲，爸媽正式離婚，由媽媽取得監護權，兄弟倆這才開開心心離開寄宿學校，搬去和媽媽一起住。這時候，雨果爸爸已從軍中退役，住在博洛依斯城。

他曾經寫給雨果媽媽一封信，指出他們兩人雖已無法生活在一起，但希望她教導孩子們同樣尊敬父母，不要在他們面前數落他。並表示今後自己仍會寄錢讓孩子們受教育，幫助他們在將來有個好職業，避免父母分開造成不好的影響。

雨果媽媽做到了這一點。雨果十九歲時媽媽去世，他寫信告訴爸爸：「媽媽從來不會憤怒的談論您。她在我們兄弟心頭印上對您的深厚尊敬和熱愛。」

另一封信裡，雨果對爸爸說：「我們一直以您獲得的顯赫名聲為榮；而我們摯愛的媽媽，即使在她受苦最深的時候，總是第一個鼓勵我們尊敬這名聲，看重我們姓氏的價值。」

09 展現文學天分

雨果三兄弟都喜歡寫詩。在西班牙生活的那段時期，小雨果的練習本裡就寫滿了詩。讀寄宿學校的三年半，少年雨果更寫了上千首詩，很多詩抒發了對媽媽的思念。

除了寫詩，雨果也在寄宿學校裡寫了一齣喜劇性質的歌劇、一齣敘述葡萄牙國王彼得一世皇后的悲喜劇、一部以詩的形式表達的五幕悲劇、史詩《洪水》，和寓言故事《貪婪與妒嫉》。一個十四歲的少年，竟然寫出這麼多內容豐富，文辭優美，風格迥異的作品，充分展示了他不平凡的寫作天分。

更難得的是，雨果在這些稿件的邊緣畫上插圖，細膩精巧，流露他的繪畫天分，人物畫甚至有荷蘭名畫家林布蘭的風格。

這一時期，他也忙著準備工業技術的考試，因為爸爸希望他將來在工業技術領域工作。學校課程裡，數學占了很多時間，他的哲學、幾何和物理課成績很好，而數學的代數、三角函數則表現平庸。

不過，雨果真正喜愛的是文學，腦中總有源源不斷的靈感和詩興。讓他在別人都已入眠的深夜，還點著蠟燭待在閣樓裡書寫，不在乎夏天的閣樓熱得像烤箱，冬天的閣樓又冷得如冰窖。

有一次，他的膝蓋受傷，必須待在床上，他利用這段哪裡都不能去的空閒時間，痛痛快快寫了不少文學作品。他在日記上寫道：「我什麼都不想，只想做一位夏多布里昂*。」這日記被一位

*夏多布里昂 (François-René de Chateaubriand)：法國早期浪漫主義的代表性作家，著有小說《阿拉達》、《勒內》，論文〈基督教真締〉，長篇自傳《墓畔回憶錄》等，鼓舞許多年輕作者追隨浪漫主義文風。他也是活躍的政治家、外交家，當選過法國研究院院士。他嘗試不同形式的文學表現，都深深的影響著雨果。

嚴厲的老師戴寇提沒收了，看到雨果想做當時著名的作家夏多布里昂，他沒有鼓勵雨果，反而嘲笑他。幸好雨果另外遇見一位和藹可親的畢思卡瑞老師，儘管臉上有得過天花後留下的麻點，但總是帶著微笑管理他們的生活，他是雨果媽媽之外，最了解雨果詩人天賦的人。

有一年，法國研究院舉辦徵文比賽，題目是「研讀生命各種情況的快樂」。畢思卡瑞老師鼓勵學生們投稿。雨果寫了一首三百三十四行的詩，歌頌讀書的快樂與好處，參加徵文比賽。

幾個月後，大哥告訴雨果，如果不是他在詩內描述自己「還未看完十五個年頭」，流露出自己的少年身分，或許可以得到第一名。因為法國研究院的評審公開表示，不相信一個十五歲的少年能寫出如此高水準的詩作。為此他跑到法國研究院，將出生證明拿給他們看，那些評審們才驚覺法國詩壇有了一位明日之星。事後，埃伯寫信告訴爸爸這件事，希望爸爸改變只有當軍人才能贏得榮譽的想法。

除了工業技術，雨果爸爸也為他們盤算另一條出路，他在離婚文件上特別聲明，要孩子們研讀法律。幸好雨果媽媽了解三個兒子的天賦，允許他們不再準備工業技術考試，也不逼他們學法律，放任他們發展寫作興趣。

1819 年，友敬得到一項詩作的獎項。隨後雨果急起直追，以〈佛登的少女們〉獲獎。這首詩是說一群少女在法國大革命期間，以花朵迎接入侵來幫助國王復位的普魯士軍人，因此被關進牢內。後來雨果再以一首關於亨利四世的詩得到法國研究院最高榮譽金百合獎，並在第二年以其他作品再度得獎，法國研究院因此認為他的程度已經可以做評審，以後不准再參賽了。

10 娶到青梅竹馬

1818 年，雨果兄弟從寄宿學校搬去和媽媽同住，他們驚訝的發現，喜歡盪鞦韆的幼時玩伴愛黛兒就住在附近。她長高了，成為一位秀麗的小姑娘。

一天，雨果和愛黛兒單獨相處，她問道：「你一定有很多祕密，有沒有一個特別大的呢？」雨果點點頭。

「我也有！」愛黛兒繼續說：「那你先告訴我，什麼是你最大的祕密，我再告訴你我最大的祕密。」

「我最大的祕密是，我、我、我……」雨果看著愛黛兒，紅著臉說：「……愛妳。」

「我最大的祕密是，我也愛你！」愛黛兒說

完立刻低下頭，不敢看雨果亮晶晶的眼睛。

「聽了妳的話，我的愛黛兒，我覺得勇敢得像一隻獅子。」

那年，雨果十七歲，愛黛兒十五歲。兩人都是害羞和循規蹈矩的年輕人。雨果熱情，有一點嚴肅，愛黛兒則是虔誠的天主教徒。雖然十分相愛，他們一直維持著純潔的愛情。雨果的媽媽看出了這段戀情，她知道愛黛兒是個好女孩，可是配她的天才兒子，愛黛兒顯得平凡了些。她告訴兒子別急著談戀愛，將來有的是機會認識更好的女孩。雨果因此把時間大多花在讀書和寫作上。

之後，大哥埃伯當了公務員，提議三兄弟合辦一份不定期雜誌《保守文學》。結果，主要工作都由小弟包辦，雨果用了十一個筆名，發表各種形式的文學作品：詩、戲劇、文學批評、外國文學，再次表現他全面的才華。他旁徵博引，流露驚人的見識和學問；對希臘和拉丁文學的熟悉，更是超過他這個年紀該有的程度。稀鬆平常的小事到了他的筆下，可以變得非常戲劇性。

這段時間他也寫了一部有驚悚情節的愛情小說《冰島凶漢》，故事發生在17世紀的挪威。女主角愛梭的父親以背叛總督的罪名被關入監獄，總督的兒子歐德納愛上愛梭，努力為她父親洗刷罪名。雨果在描寫男女主角的外貌和舉手投足時，心裡想的是自己和愛黛兒。可惜小說無法在自辦的雜誌上發表，因為它被別的雜誌社接收過去了。一直包辦雜誌大部分的文章，忙了兩年多的雨果終於可喘一口氣了。

雨果十九歲時，媽媽突然得肺炎去世，這對長期相依為命的雨果是很沉痛的打擊。傷心的雨果格外渴望擁有自己的小家庭。第二年3月，雨果鼓起勇氣寫信給住在博洛依斯城的爸爸，表達他想娶愛黛兒的願望。小倆口緊張的等了又等，終於收到回信，爸爸並沒有直接反對他們的結婚請求，只是提出條件：「你必須有謀生能力，或有工作。雖然你的文學生涯起步得很漂亮，但我不認為你可以靠文學過日子。假若你有工作，我一點都不反對你結婚。」

顯然，他對於雨果不依照他的心願在工業技術或法律領域發展，反而寫了一大堆賺不了大錢的詩、小說、戲劇很不以為然，也擔心雨果未來怎麼生活。

於是，雨果急著出版他的詩作，好積存結婚的費用。最後大哥慷慨出錢付了印刷費，幫助雨果出版第一本正式的詩集《頌詩與雜詠集》。雨果在內頁裡寫道：「獻給我心愛的愛黛兒，妳是我渴望的榮耀天使和擁有的快樂。」

這本收錄他得獎詩作的詩集，獲得不錯的詩評，四個月內就賣了一千五百本，讓雨果賺到可以付兩年房租的七百五十法郎，他們的結婚心願，離實現之日更進了一大步。

在雨果努力創作的期間，愛黛兒的父母一度

帶著愛黛兒搬到外地和親戚同住，從巴黎搭馬車到愛黛兒的新家需要二十五法郎，雨果負擔不起。但有一天，愛黛兒發現雨果竟然出現在家門口，原來他走了五十公里的路過來，一路上沒有樹蔭遮蔽，若被炎熱的太陽照得發昏，他就跳入河中洗澡。愛黛兒的父母被這傻小子的赤誠感動，熱烈的接待他。

愛黛兒有時也會回巴黎來探望貧窮、總是忙著寫作的雨果。他們十分相愛，耐心等待結婚的

適當時機到來。愛情也成為雨果在這段時期創作的最大動力。

國家終於注意到了雨果這位年輕詩人的才華，1822 年雨果獲得每年一千法郎的獎助金，贊助他寫作。有了足夠的錢，雨果和愛黛兒立刻在聖母教堂裡完成終身大事。同一座教堂在十六個月前，才舉行過雨果媽媽的葬禮。婚宴的廳堂隔壁房間，就是曾經宣判過雨果教父拉瓦合死刑的法庭。在婚禮中，雨果真是百感交集。而爸爸已經再婚，並未出席雨果的婚禮。但對待雨果如同兒子的中學老師畢思卡瑞特別前來道喜，給予雨果父親般的溫暖。

11 二哥精神失常

婚宴上，畢思卡瑞老師注意到友敬的行為不對勁，好像頭腦不清，說了些怪異的話。他提醒埃伯注意，兩人悄悄將友敬帶離婚宴。新郎和新娘忙著接受客人的祝福，沒有發現友敬不尋常。

到了半夜，無論埃伯和畢思卡瑞老師怎麼勸說，都無法阻止友敬大聲叫嚷，他完全瘋掉了。

早在雨果兄弟還在寄宿學校時，畢思卡瑞老師就注意到友敬的行為有點古怪，當時雨果爸爸以為友敬的行為只是缺乏管教，而沒想到他可能患有精神疾病。

這幾年，接連發生爸媽離婚、媽媽去世、爸爸住在外地等重大變化，讓友敬的心情苦悶不已。他也妒嫉弟弟日漸出名，越來越多的人在他面前稱讚弟弟的才華，據說連國王路易十八也喜愛弟弟的詩集。他們兩人同樣喜歡寫詩，友敬卻沒受到注意，他覺得很難過。加上友敬同樣深愛著從小一起玩耍的愛黛兒，他無法接受弟弟娶走心愛女孩的殘酷事實。這種種的不如意終於令他崩潰了。

隔天早上，畢思卡瑞老師敲門喊醒雨果這對新婚夫婦，告訴他們友敬的情況很糟。雨果立刻寫信通知爸爸。沒能來參加婚禮的他，沒想到是在這種情況下動身來探望兒子們。

他以前就說過，友敬在三個兒子中最英俊。才二十二歲的友敬，年輕俊美的面孔茫然看著爸爸，似乎不認得眼前這位老人是誰。以前活潑好動的金髮小子，呆坐在那兒一動也不動，怎能不教他心痛？

兄弟三人中，友敬和雨果的感情最深，因為埃伯有一陣子跟著爸爸隨軍駐防在外地，只有友敬和他到哪裡都形影不離。記得住在廢棄修道院時，雨果和友敬走在回家路上，常有街頭惡少朝他們扔石頭，只因為看不順眼他們穿的褲子沒有破洞。九歲的友敬牽著七歲的雨果快跑，叫他不要怕。晚上，他們在柯藍戴斯的鼓勵下，比賽誰能翻譯更多的拉丁文句子。兩人彼此陪伴、成長，度過了許多快樂和患難時光。

姑姑代替媽媽做他們的監護人時，如果不是有友敬在身旁，雨果會加倍感到孤單。那時友敬寫信給爸爸，總讓弟弟也簽名在他名字旁才寄出，兄弟倆做什麼事都同心。

雨果傷心的自問，友敬發瘋，身為弟弟的他是不是做錯了什麼事？愛上同一個女孩，愛黛兒選擇了他；兄弟倆都愛寫作，他的作品更受人注目，難道是他的錯嗎？

他責怪自己粗心大意，在欣喜接受別人讚美時沒有顧慮到友敬的感受。他沒想到外表開朗的友敬，其實一直在忍受自尊受傷的創痛。

二十二歲的他被送入精神病院，直到三十七歲去世。

友敬的悲劇是雨果生命中不能抹去的陰影，不時在心頭泛起刺痛著他。兄弟間的競爭心態日後也成了他筆下多次出現的主題。

12 和老爸恢復親情

婚後的第二年，雨果拿到內政部給予的另一份獎助金。同一年間，他與愛黛兒的第一個孩子出生了，可愛的小生命稍微減輕了雨果思念友敬的痛苦。出於對父親的尊敬，他以爸爸中間的名字李歐波給兒子命名，稱他為李歐波・雨果二世。

孩子出生後，二十一歲的雨果，肩膀上的擔子更重了。他不停寫作賺取家用，重新出版第一本詩集《頌詩與雜詠集》，也推出了第一本小說《冰島凶漢》。此時雨果已小有名氣，但不知為什麼小說封面上並沒有印上他的名字，只介紹全書「是一位著名的年輕成功詩人第一本散文體小說，雖然充滿謀殺、怪物、刑具、劊子手、折磨，但也不缺誇張的模仿和嘲笑，是恐怖類型中的不平凡之作。」或許雨果不好意思把名字放在這部以賣錢為目的的通俗作品上吧！

但他還是沒拿到該得的版稅。因為出版商破產，只願付給他五百法郎，還造謠指責雨果有錯，所以無法付給他全部的版稅。

雨果另外一本不具名出版的小說是《布格・雅加爾》。它是根據聖多明哥地區黑奴反抗白人主子的事件編寫而成的。裡面有一個會行巫術的侏儒和被賣到美洲為奴、勇敢善良的非洲王子。它可說是西方文學中，最先突破種族偏見，正面呈現黑人也能成為英雄的作品。

雨果從小和軍人爸爸聚少離多，後來爸媽又離婚，加上爸爸退伍後一直住在外地，父子倆的關係越來越疏遠。直到雨果媽媽去世，友敬精神失常，雨果結婚生子，他們陸續通起信來，才開始拉近父子倆心的距離。透過在信中談自己的感受，增進雙方了解，漸漸恢復小時候同住在義大利和西班牙時期的親密關係。原本，他的爸爸還是習慣帶著權威的語氣對兒子說話，告訴他該怎麼做；隨著雨果寫作成績出色，名氣響亮，爸爸漸漸以兒子為榮，兩人關係由父子變得更像無話不談的朋友。

雨果的兒子身體不太好，他在父親的勸說下讓保姆帶著嬰兒搬去博洛依斯城和他一起住。可惜在家人的細心照料下，仍無法挽救小嬰兒的生命，李歐波夭折時，還不滿三個月大。

時間不容許雨果沉浸在這個打擊裡，他不能停下筆，必須靠寫作養家。不久，愛黛兒告訴忙碌的丈夫，他們又要做父母了！

1824年，二十二歲的雨果快樂的擁抱新生下來的女兒，取名李歐波汀，仍然是對雨果爸爸李歐波的一種尊敬，雨果平常則暱稱她為蒂汀妮。可能是上次沒能保住孩子，這對父母對蒂汀妮更加珍惜愛護。

正當雨果和爸爸關係變得越加親密，他的爸爸卻突然因心臟病發而過世。一個月後，剛滿二十六歲的雨果這樣形容：「一個仁慈高貴的人，比誰都愛我……父親的眼睛永遠沒離開過我。」

13 擴充的小家庭和朋友

1825 年，國王查理十世舉行加冕典禮，雨果膺選在典禮上朗誦詩。同年，政府也頒發法國榮譽軍團勛章給他，表示國家尊重他的成就。

生下蒂汀妮後，愛黛兒又為雨果生了兒子查爾斯、維克多，和與母親同名的小女兒愛黛兒。小兒子維克多和爸爸同名，不過由於爸爸名氣太大，小維克多十六歲時改名為佛郎索瓦・維克多。

雨果的孩子們年紀都相差兩歲，等於是每兩年就生一個孩子，因此他的朋友都開玩笑說：「雨果忙著生產詩作和子女，一刻不得閒。」

愛黛兒和雨果一樣喜歡繪畫，她為每個孩子畫的畫都很傳神，後人仍可從這些畫像看到雨果漂亮的四個子女。但愛黛兒對文學沒有什麼興

趣，孩子一個個出生，她的時間全花在照顧兒女身上。

和雨果一起談論文學的是一群寫作的朋友，他們組織了一個藝文小集，欣賞文學和藝術，也會互相評論作品。參加的人要出一千法郎，對雨果來說不是個小數目，但誰願意詩社少掉這位聰明絕頂的詩人呢？於是好友拉瑪汀為他付了錢。這群年輕人常聚在雨果家談天說地，有時爭辯得面紅耳赤，有時又笑得前仰後合。

雨果兒子查爾斯出生後，換租了一間有花園的寬敞房子，哥哥埃伯和愛黛兒的哥哥也加入聚會。這個團體越來越大，作家、詩人、畫家、雕刻家……雨果都能和他們聊得起勁。

他們有時候會討論古典主義*和浪漫主義*，那時浪漫主義剛興起，雨果走的是浪漫主義路線。根據雨果的定義，浪漫主義是藝術的解放，代表自由想像，避免作品刻板乏味，追求清新和突破。

當時有一本頗具盛名的《環球雜誌》，編輯杜布瓦本來對藝文小集抱持偏見，有次去雨果家參加聚會，從雨果的言談，認識到他少見的天分，便邀請他為雜誌寫稿。

在朋友激盪及寫稿經驗的累積之下，雨果陸續完成詩集《頌詩與歌謠》和《東方詩詠》，以及長劇《克倫威爾》。

* **古典主義**：受到 17 與 18 世紀理性主義（又叫啟蒙運動）影響。理性主義主張人們以理性的思考和追求知識，面對人生，嚮往古希臘、羅馬時代的文藝和哲學，因此產生的創作理念就叫古典主義。古典主義作品強調遵守一定的形式和節制情感。
* **浪漫主義**：發生於古典主義之後，大約在 18 世紀晚期和 19 世紀，可以說是對理性主義的一種矯正。他們喜歡在創作上表達強烈的情感，歌頌大自然的美麗，突破形式的約束，追求創新變化。

《頌詩與歌謠》受到評論家盛伯佛的讚賞，他認為雨果的詩不只在技巧上運用自如，而且感情發自內心，飽含深意，雨果因此結識盛伯佛，兩人成為好友。

最讓雨果和愛黛兒驚喜的是，七十七歲的德國大文豪歌德讀了《頌詩與歌謠》，竟然向朋友說：「維克多・雨果是一位真正有才華的作家，受到德國文學影響。不幸的是，在他寫詩初期，講究細節的古典主義派看輕了他。現在他有了《環球雜誌》的支持，終於獲勝。」

另一本詩集《東方詩詠》的東方是一個杜撰出來的地方，綜合了西班牙、阿爾及利亞、土耳其、希臘和中國這些在法國東邊國家的影子。雨果尤其嚮往西方文明發源地之一的希臘，當時希臘被信奉回教的奧圖曼帝國統治，讓信仰不同的西方詩人很憤怒。英國詩人拜倫甚至為了援助希臘人反抗統治者，前往希臘作戰，

不幸死於當地。雨果的一群詩人朋友寫了很多聲援希臘的詩，當然向來關心民族議題的雨果也不例外。

從小就喜愛看戲的雨果，少年時期寫了不少劇本。二十四歲時，他開始寫一齣英國歷史人物克倫威爾的舞臺劇，光是閱讀找資料，他就讀了一大疊書本。克倫威爾是英國歷史上唯一一位推翻王室，轉變英國為共和制的人物，自己出任護國公，僅統治英國五年就去世。之後，英國又恢復王室統治。他的時代和法國大革命後共和制與王室不斷輪替的歷史相似；而且雨果很崇拜莎士比亞，一直想模仿莎翁寫出英國宮廷戲。

《克倫威爾》除了嚴肅的歷史事件，還穿插了不少鬧劇場面，讓觀眾不會打瞌睡。可惜雨果寫得太長，長到很難演出，到今天都沒上演過，只是印成書籍出版。

14 《巴黎聖母院》熱賣

1829 年，雨果出版剛寫好的小說《一個死囚的末日》，書內以一個被判了死刑的囚犯語氣敘述故事。雨果對這位死刑犯受到不公平待遇的同情，影響到英國文豪狄更斯和俄國文豪杜斯妥也夫斯基，甚至到一百多年後，法國作家卡謬獲得諾貝爾文學獎的小說《異鄉人》。雨果指出，這本小說的主旨是廢除死刑。

小時候在西班牙，雨果看到被送上刑場的西班牙游擊隊員，他們反抗入侵的法軍並沒有錯，不該被處死；長大後，雨果了解社會上有許多窮人是不得已才犯罪，因為地位低賤沒有受到公正審判，就被判處死刑，讓雨果終其一生反對死刑。

《克倫威爾》寫得太長無法演出，雨果記住

教訓，嘗試寫一齣新劇本《瑪麗翁・德羅爾姆》，是發生在路易十三時期的故事。女主角瑪麗翁行為隨便，愛上道德嚴謹、潔身自愛的青年而改過自新。這次它成功搬上舞臺演出，曲折的故事與演員的表現都得到不錯的評價，不料政府認為故事中的女孩形象不好，很快就下令禁演。但實際原因卻是劇中那位拿不定主意、缺少勇氣、專制且沉迷打獵的路易十三，可能會讓人想起當時的國王查理十世。

在內政部長的安排下，雨果帶著劇本前往覲見國王，說明並無冒犯之意。但一週後審查委員會仍不肯取消禁令。為了安撫生氣的雨果，政府增加四千法郎的獎助金，並承諾給他一個官位，雨果感覺這是收買行為，要犧牲他的創作自由，寫了一封義正辭嚴的信拒絕。

他很快開始創作一齣新戲《艾那尼》，背景在16世紀的西班牙，男主角艾那尼是一個年輕熱情的貴族，因被剝奪爵位而淪為土匪頭子。他和一位心腸冷酷的老人，以及國王查理五世，都在追求一位女孩，因此原名叫《三追一》。

雨果對土匪的興趣，和他童年的印象有關。當時法軍占領那不勒斯王國後，上級指派雨果的爸爸去山區消滅一群土匪。土匪頭子外號叫做「魔鬼兄弟」。爸爸成功完成了使命，成為他日後得意洋洋、經常提起的英雄事跡之一。其實那群「土匪」，是當地人組成的游擊隊，為了反抗入侵的法軍。

劇中很多對愛情的描述，都是出於雨果和愛黛兒的經驗，他甚至把從前寫給她的情書放進臺詞裡。雨果和政府交涉才拿到上演的許可，由於受到觀眾喜愛，為他帶來一筆大收入。他因此租了一棟更大的房子，迎接他們的第五個孩子——與母親同名的小女嬰愛黛兒。

不久後，巴黎的政治發生了令人不安的改變。1830 年 7 月，查理十世解散國會，取消新聞自由，第二天雖有大罷工，國王仍出外打獵，完全像《瑪麗翁·德羅爾姆》中的路易十三。報紙照舊出刊，軍隊前往查封，引起大群學生和眾多市民阻擋，他們中有許多人是喜歡讀雨果作品而崇拜他的年輕世代。

經過幾天豔陽下的抗爭，查理十世被推翻，放逐到國外，史稱「七月革命」。路易·菲利普登基為國王。查理十世時代禁止的《瑪麗翁·德羅爾姆》獲准上演。

無論是查理十世或路易·菲利普當國王，雨果都尊重國家元首。但是，統治者如果侵犯個人自由，管制新聞和文藝創作，雨果就不會和他們妥協。

雨果此時開始寫小說《巴黎聖母院》，七月革命的動亂期間，由於他必須將稿件轉移到較安全的太太弟弟家，卻不幸在搬運過程遺失了一本寫滿資料的筆記本，使得完稿的時間延後幾個月。終於，1831 年 1 月，距離雨果二十九歲生日只有一個月時，《巴黎聖母院》問世了。

故事裡有一個長得極醜、口齒不清的駝子加西莫多，從小被巴黎聖母院副主教福若樓收養。他負責院裡撞鐘的工作，怪異的外表讓他一上街就遭受人們欺負取笑。養父喜歡漂亮的吉普賽女孩愛絲梅拉達，便帶加西莫多一起去綁架她。弓箭隊隊長菲比斯救了愛絲梅拉達，並逮捕加西莫多。當加西莫多在大太陽下的廣場上受罰時，只有善良的愛絲梅拉達給他水喝。後來，養父妒嫉菲比斯和愛絲梅拉達相愛，暗中刺殺菲比斯。菲比斯幸運的逃過了刺殺，卻以為暗殺是愛絲梅拉達的主意，要將她公開處死。危急關頭，加西莫多拯救了愛絲梅拉達，並把她藏在聖母院。養父向愛絲梅拉達表達愛意，遭到拒絕，便出賣了她。這可憐的少女終究被吊死，只有加西莫多不管生死，願意永遠陪伴著她。

醜陋的駝子與漂亮的吉普賽女孩，是一個吸引人的組合。《巴黎聖母院》詳細描述窮苦的吉普賽社區中，一些神祕古怪的習俗。雨果也點出上流社會的人們，如聖母院副主教福若樓和弓箭隊隊長菲比斯，雖然地位高，外貌正派，內心卻自私奸詐。另一方面，福若樓對加西莫多有養育之恩，不完全是壞人，而加西莫多也敬愛養父。在《巴黎聖母院》中，雨果將上、下流社會放在一起，人物有多重性格與感情的寫法，影響到同時期不少作家，如法國作家巴爾札克、福樓拜，和英國小說家狄更斯。

《巴黎聖母院》讓讀者看得既緊張又喜愛，立刻成為暢銷書，很快就被翻譯成英文，改名為《聖母院的駝子》（中文譯名《鐘樓怪人》）。但雨果很不喜歡這個新的英文書名把重點放在駝子加西莫多身上，讓人們忽略他寫這本小說的主要目的，是提醒法國人關心巴黎聖母院。

巴黎聖母院於1163年破土興建，1345年完工，是典型的哥德式大教堂，有高聳的尖塔及拱門，挑高的肋骨狀穹頂和彩色玻璃窗。16世紀以後哥德式建築沒落，巴黎人不把聖母院當一回事，任它遭受風吹雨打，沒有好好維修。法國大革命期間更受到不少破壞。雨果看了很心疼，希望透過《巴黎聖母院》，喚醒人們注意這棟老建築的古雅與精緻。果然，在小說出版後，巴黎因此成立了歷史古蹟保存委員會，維修聖母院等古老建築。這可以說是小說《巴黎聖母院》最直接的貢獻與影響。

五年後，雨果和女作曲家露易絲・柏汀合作，將《巴黎聖母院》改編為歌劇，以女主角愛絲梅拉達做劇名，雨果負責寫歌詞。

15 反抗權威，同情窮人

1831 年底，雨果出版了《秋葉詩集》。詩集內描寫了鴿子般溫馴可愛的小孩，慈祥的母親，以及雨果對國家和自由的熱愛。

雨果才華洋溢，可以同時寫幾種不同類型的作品。有時一天內既寫下中年詩人的傷感，又化身為年輕的愛人，朗誦熱情的愛情誓約；早上是宮廷小丑，筆端流露出幽默逗趣；下午又變成視死如歸的戰士，發出慷慨激昂的宣言。不同風格的文字，展現出一點也不像出於同一人之手的文學豐富性。

1832 年 10 月，雨果全家入住一棟有兩百年歷史的大房子，面對綠蔭濃茂的大廣場，環境非常優美。

雨果在這時推出了話劇《國王尋樂》，敘述一個宮廷小丑，專門幫好色的國王找女人玩樂。有一次，國王發現小丑把一位美麗的女孩藏起來，以為是小丑的情婦，就偷偷去勾引她，沒想到她竟是小丑的女兒。幫國王做了許多壞事的小丑，為了拯救女兒脫離國王的玩弄，吃了不少苦。離奇的故事讓觀眾看得津津有味，但第二天《國王尋樂》就被政府以「不道德」的理由禁演。真實原因是劇中的國王佛朗索瓦一世只會吃喝玩樂，似乎在影射當時的國王路易・菲利普。

學生抗議政府禁演《國王尋樂》，雨果也發表了半小時的演講譴責政府，他說：「今天審核制度剝奪我做詩人的自由，明天警察會奪走我身為公民的自由。今天戲院拒絕我，明天國家會拒絕我。今天我被禁止發言，明天我會被驅逐出境。今天文學遭受圍剿，

明天城市遭受包圍。」幾天後他甚至拒收政府給予的獎助金，表達絕不在這事上與政府妥協。

由於《克倫威爾》寫得不成功，雨果老想再寫一齣英國歷史戲。《瑪麗・都鐸》便在這種情況下被創作出來。這是敘述英國國王亨利八世死後，他的大女兒瑪麗繼位，與反對勢力鬥爭的故事。這齣劇本這次成功搬上了舞臺。

1834 年，雨果寫了一篇根據真人真事改編的小說《窮人克勞德》。克勞德是一個沒受過教育的窮人，因為偷麵包給飢餓的家人吃而坐牢。他被蠻不講理的獄卒虐待，而動手殺人。雨果在這部作品中，表達了長年以來他對受苦窮人的同情，指控法律沒能伸張正義。他也在小說中指出，讓人民受教育，是脫離貧窮、免於犯罪的最好藥方。

1835 年和 1836 年，雨果前往媽媽的家鄉布列塔尼和諾曼第旅行。隨後又到比利時和萊茵河沿岸遊玩。這些地方的秀麗風景和豐富的古蹟給予雨果很多寫作靈感。後來幾年，他的詩集《心聲集》和《光與影》裡面的許多詩，都反映雨果在山巔水畔與上帝的對話，而對事物有更深刻的思考。例如〈奧林匹歐的悲傷〉這首詩，流露了浪漫派詩人常有的感懷——大自然永恆的美麗，顯得人類的快樂是那麼的短暫。

16 進入法國研究院

雨果的許多文友都是法國研究院院士，雨果提出申請，也想加入法國研究院成為院士。

法國研究院創立於1635年，宗旨在發揚法國語言和文學。申請入會的人必須由現有會員審查資歷，再投票決定要不要接納，因此會員都有不錯的水準。院士並沒有實質的權力，但代表文學成就受到肯定，是一種崇高的榮耀。他們表達的意見，也容易受到政府的重視。

不過，剛滿三十四歲的雨果，第一次申請進入法國研究院，沒有得到多數會員通過。也許他們認為雨果年紀還輕，需要更多作品來證明他的成就。

雨果曾經公開批評路易・菲利普國王暗中施

行文藝審核，國王為了攏絡有影響力的雨果，將查理十世頒發給雨果的榮譽軍團勛章提升等級。

1837 年，王子奧爾良公爵大婚，路易・菲利普國王邀請雨果參加凡爾賽皇宮的婚宴，還把他安排坐在王子那桌。來自梅肯堡（今德國）的新娘海倫娜公主看到雨果，興奮的告訴雨果，她曾和大文豪歌德談論雨果的作品，她還會背誦雨果的詩，當場就朗誦她最喜愛的那一首，這未來的

皇后竟是雨果的粉絲哩！

王子當場承諾要建一座新劇院，他同時要求雨果在新劇院開幕時，推出一齣以詩作為對白的新戲。雨果只花了三個月的時間就完成《呂・布拉斯》，1838 年底在新建的文藝復興劇場上演。故事發生在 17 世紀西班牙的宮廷內。全劇有精緻優雅的詩句對白，有鬧劇場景，有奇幻情節，也有政治涵義，相當賣座。

不僅王子和海倫娜公主對雨果非常支持，雨果還有很多年輕狂熱的書迷，他們寫信說願為雨果而死，如同他們的父輩為拿破崙拚命。一位年輕人和別人爭辯雨果的戲劇，居然因挑戰對方而喪命。有個人要求在墓碑上刻著：「此處躺的人生前信仰雨果」。有人因為迷他的小說而改名為其中的主角名。有人冒充雨果，到結婚前天才被揭穿。有女演員改姓雨果，冒充是他的親戚。一位叫做玻以爾的詩人第一次到雨果家，一進門就跪行到雨果面前，表達他的敬意。因為崇拜者很多，

雨果必須花不少時間回書迷的信。

1841 年，雨果終於達成心願，以十七對十五兩票險勝，當選法國研究院的院士，穿上了綠袍。此後，他在法國研究院不時發表演講，為關懷的社會議題發聲。

17 報上的可怕消息

1843 年 2 月，大女兒蒂汀妮和查爾斯・佛克瑞結婚，他是雨果喜愛的學生和長期助手歐葛思特・佛克瑞的哥哥。即將滿四十一歲的雨果一方面非常高興女兒找到好丈夫，婚禮上激動的把心愛的蒂汀妮交給女婿；一方面也對她的遠嫁，感到非常不捨。蒂汀妮細心體貼，雨果跟她無話不談，婚後她將離開巴黎，搬到樂哈佛去住，去看她得坐上兩天的馬車，雨果以後就少了一個可談心的對象。而且，蒂汀妮才十八歲半，在他眼中還是個孩子，他實在放心不下。

好在這時候，他新寫的歷史劇《衛戍官》開始彩排，分散了他對女兒的強烈思念。這齣戲以 13 世紀的萊茵河為背景。雨果很迷戀萊茵河，前一年，他完成《萊茵河遊記》，以書信方式敘述旅遊萊茵河的見聞。萊茵河的兩岸有許多古老的城堡，激發他想像古堡內曾經有過一群勇敢強悍的戰士對抗皇帝。

他想把《衛戍官》寫出史詩的氣魄，可惜對白太長，缺少愛情故事，又沒有喜劇部分讓觀眾輕鬆一下，上演後反應不佳。觀眾的口味正在變換，他們正著迷於一位優秀的女演員芮秋兒，喜歡看她演出的古典主義式悲劇。

《衛戍官》的失敗，代表法國浪漫時期戲劇告一段落。風光了二十年的雨果，第一次在戲劇上受到挫折，有人把拿破崙最後的一場失敗戰役滑鐵盧，拿來形容雨果這齣不成功的戲。雨果受到很大的打擊，決定封筆不再寫劇本。

思念蒂汀妮和《衛戍官》失敗的陰影困擾著雨果。夏天來臨時，他興起前往法國西南部和西班牙旅行散心的念頭。出發前，他先去探望已經懷了三個月身孕的女兒。蒂汀妮感到一種奇怪的不安，反對他遠行，但雨果並未改變主意。他離開樂哈佛，在路上寫了一封信給蒂汀妮：「但願妳知道，女兒，我想念妳時有多幼稚！我的眼中充滿淚水。那天在樂哈佛，一線光閃過我的腦袋：我永遠不想離開妳！我活著永不會忘記那一刻。」

因為心頭惦記著蒂汀妮，西班牙這個童年曾讓他深深著迷的國家，似乎就沒有記憶中那麼美麗。旅行途中，他仍不時感到淡淡的憂傷。回家的路上，他決定再去樂哈佛。途中他停下馬車，進入一間餐館想喝點啤酒，並翻翻旅途中好幾天沒看的報紙。他隨便挑出一份報紙，剛要讀，忽然間全身血液彷彿凝結，身子發冷，整個世界在他面前崩潰，只剩下報紙的大標題在面前晃動：「雨果的女兒和女婿溺斃。」

那是9月4日星期一發生的事：蒂汀妮和先生查爾斯離開樂哈佛，到維凱兒去探望查爾斯的叔叔和堂弟。叔叔親手造的船曾讓查爾斯贏得划船比賽，查爾斯打算划這艘船去鄰鎮一個朋友

家。那天天氣很好，河面只有些微漣漪。四人愉快的踏進小船坐下，誰知船沒划多久突然翻覆。蒂汀妮抓著翻過來的船，但大裙子吸了水變得很沉重，將她拖下去。擅長游泳的查爾斯因不願捨去妻子獨自求生，游過去抱著她，死也要在一塊兒。就這樣，倆人被撈起來時還是緊緊抱在一起，遺憾的是都已經斷了氣，就像十三年前雨果小說《巴黎聖母院》的結局：一男一女兩個骨架，被人發現在地窖裡彼此緊擁。

失去最心愛的孩子，對雨果造成難以抹滅的傷痛。他寫了許多詩追念蒂汀妮，也忙著寫作和處理法國研究院的事，不讓自己有時間去想蒂汀妮。這件悲劇發生之前的某一年，雨果到法國北部的海邊旅行，曾在沙上寫下蒂汀妮的名字，說道：「今晚漲潮會抹去它，但沒有東西能抹掉爸爸對妳的愛。」此後一生不管如何忙碌，雨果永遠懷念著蒂汀妮。

18 皇帝又回來了

路易・菲利普國王經常邀請雨果參加派對，兩人因此成為談心的好友。國王經常向雨果訴苦，雨果總是耐心傾聽，由於王子奧爾良公爵在一場意外中過世，兩人都有失去兒女的痛苦，彼此同病相憐，常常談到三更半夜，才由國王拿著蠟燭送他上馬車回家。1845年，國王賜封四十三歲的雨果為子爵，他在政界的前途一片光明。

雨果的忠實讀者奧爾良公爵夫人，不斷要求國王請雨果在法國研究院演講。雨果精心準備了兩篇演講，一篇談到監獄情況，一篇關於童工的法案，可惜都沒有機會發表。因為，法國政治又起了巨變。

1848年2月22日，雨果看到街上滿是軍人和遊行的工人，他和工人交談，了解他們的訴求。其實他早已清楚，路易·菲利普接替查理十世統治國家以來，貧富差距並沒有改善，底層工人長期累積的憤怒終於爆發。他看到軍人向民眾開槍，大炮轟向街頭人民豎起來阻擋交通的障礙物。然而第二天，國家自衛隊中的許多軍人也無法忍受政府這樣對待人民，轉而支持人民，路易·菲利普國王只能流亡國外了。

第二共和國宣布成立。雨果原本考慮參加4月的立法院選舉，因為時機不對而放棄，但仍有六萬民眾投票給他，這股力量讓人無法忽視。隨後在6月舉行的補選中，他順利當選立法委員。他說：「我不代表哪一黨，我當選為的是幫小人物對抗大人物，為的是恢復社會秩序，結束無政府的混亂狀態。」即使是位名人，雨果的家也在這次動亂中遭受騷擾，何況普通市民？因此，雨果希望無政府的亂象早日結束。

雨果在他的作品裡一再表達他同情窮人，痛恨法律的不公義。他認為要改造社會，從政是最直接有效的途徑。像他向來崇拜的文豪夏多布里昂在政界就一直很活躍。這是他為什麼決定做立法委員的原因。

雨果也了解一個人的政治力量有限，要發揮更大的影響力必須辦報紙，把他的信念告訴更多的民眾。1848 年 7 月，《事件報》誕生了。它在刊頭印著兩句話顯示宗旨 ：「積極反對無政府狀態，溫柔深愛人民」。

12 月，路易・拿破崙・邦拿巴提在全民直接選舉中獲勝， 當選法國歷史上第一位總統 。路易・拿破崙是拿破崙的姪兒 ，但雨果並不喜歡他，覺得他比不上叔叔拿破崙，不僅沒有魅力，也沒有什麼本事 ，只會依靠人民對拿破崙的懷念，實現政治野心。

雨果巡視巴黎貧民區，了解下層民眾的苦楚，在報紙上撰寫報導，希望引起上流社會的關注。《事件報》常常批評政府，惹火了總統，因此《事件報》的編輯和記者一個個被關進監獄，雨果的二兒子佛郎索瓦·維克多被判了九個月的刑期，大兒子查爾斯則已經入了獄。這還不夠，路易·拿破崙接著又下令《事件報》停刊。

只是雨果並不屈服，他又發行另外一份報紙，名為《人民再起報》，表明人民還是會起來反抗權威的壓迫。他每天都會去位於巴黎聖母院附近的古監獄探望朋友和兩個兒子，商討新報紙的

事，他有名，又有一定的政治實力，目前政府還不敢動他；但他心裡明白，沒有多久，就要輪到他了！

1851年12月，新憲法將國會大權轉移到總統身上，大群民眾在巴黎好幾條街頭設下障礙物，阻斷交通，反抗拿破崙總統越來越獨裁的走向。雨果前往巴士底監獄聲援那裡的反對者，當年法國大革命的序幕就是在巴士底監獄掀開，後來推翻了路易十六。雨果發表了一篇很長，也很激昂的演說，指責路易・拿破崙是國家叛徒，聽眾很擔心軍隊隨時會朝他開槍。

第二天，拿破崙總統果然下令軍隊射殺街頭的反對人士，殺死了四百多人。雨果當天在街頭奔走察看，幸運的沒有中槍，但他知道總統已經殺紅了眼，不會放過他。

19

全家逃亡國外

12 月 11 日，雨果用了假名，冒充報館的排字工人，逃離了巴黎。通行證上描寫他的長相：「年紀：48，身高：170 公分，頭髮：灰白，眉毛：棕色，眼睛：棕色，鬍子：灰白，下巴：圓，臉形：橢圓」。這張巴黎人人敬仰的臉，能夠奇蹟般避過軍人崗位的檢查，安全逃出法國，大概是有人同情他而放行的緣故吧！後來他的小女兒愛黛兒在信裡提到，警察確實上門來找過他。

雨果乘坐的火車抵達比利時的布魯塞爾，友人將他接到簡陋的小旅館暫住。還沒有從街頭抗爭和逃亡異國的驚險中喘過氣來，雨果就動筆寫下《一件罪行的歷史》，訴說這次反抗事件的來龍去脈，希望留下歷史見證。

1852年12月，路易・拿破崙總統廢除共和政府，建立法國第二帝國，改稱拿破崙三世，更加深了雨果對他的反感。雨果寫了一本小書：《拿破崙小人》。這個稱號相對於「拿破崙大帝」，狠狠諷刺了拿破崙三世遠不及他的叔叔。雖然是本冷嘲熱諷的作品，也展現了雨果嬉笑怒罵，遊刃有餘的文字功力。

然而，他暫時沒有出版《拿破崙小人》，因為皇帝剛下了命令，任何法國人在海外辱罵政府，必須繳交罰款或沒收財產。雨果要等到家人變賣財產和逃出法國後，才能出書。

留在巴黎的愛黛兒把房子的租約轉讓給別人，將精美的哥德式家具和一些小擺飾拍賣掉，準備前往布魯塞爾。

儘管市長每天拜訪雨果，詢問有無需要幫忙的地方，當地七千名從法國逃出來的反對分子也把雨果當領袖看待，但法國與比利時訂有和約，拿破崙三世要比利時國王交出雨果，所以雨果和

大兒子無法久留，只好搬到英國的澤西島去住。

1853 年 8 月，愛黛兒和小女兒來到澤西島聖海麗兒鎮，一家團聚。島上住了不少反對拿破崙三世的法國流亡人士，他們熱烈歡迎雨果。

比起社交活動多彩多姿的巴黎，澤西島的生活單調乏味，卻也有巴黎沒有的好處。雨果叫做海景臺的新家就在海邊，可以坐在陽臺上欣賞令人心曠神怡的海景。小花園裡開滿了明媚的金盞花。天氣晴朗的日子，退潮時可以看到地平線上一條灰帶，那是雨果思念的祖國。

新家的位置相當偏遠，正好讓雨果可以專心寫作。經過這些日子的逃亡和變賣財產，一家的生活也確實需要雨果出書賺稿費來維持。已經寫好的《拿破崙小人》稿子，雨果託人走私進入法

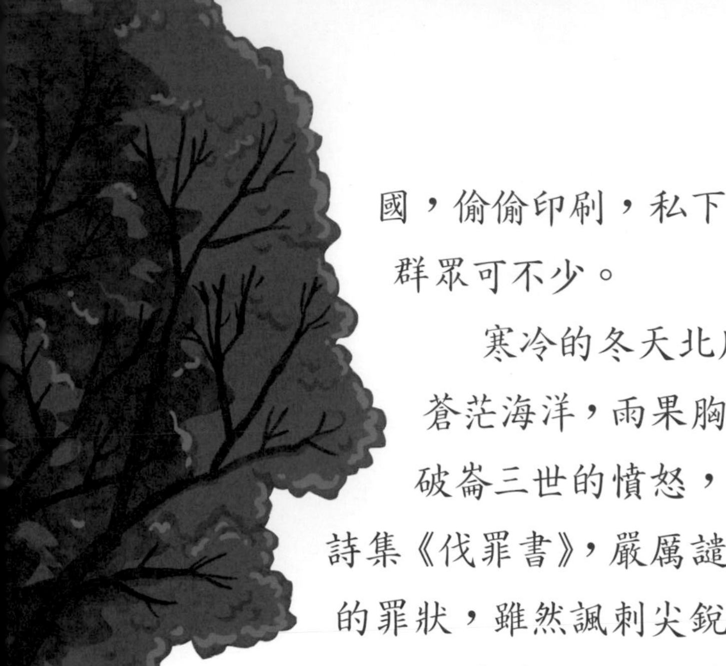

國，偷偷印刷，私下流傳，買書的群眾可不少。

寒冷的冬天北風刺骨，望著蒼茫海洋，雨果胸中澎湃著對拿破崙三世的憤怒，動筆寫了一本詩集《伐罪書》，嚴厲譴責拿破崙三世的罪狀，雖然諷刺尖銳入骨，文字仍然呈現出史詩的壯闊大氣。

20 被迫搬去根恩西島

有些英國本土的人覺得英國不應收留雨果，這樣很可能會得罪拿破崙三世。1855 年，拿破崙三世和維多利亞女王結盟對抗俄國，情勢對雨果一家很不利。儘管如此，雨果仍堅持人民有言論自由，支持當地一家報紙批評維多利亞女王。澤西島的地方政府本來就不喜歡高談闊論的法國流亡人士，現在更無法忍受雨果的言辭，便逼迫雨果一家收拾行李，離開居住三年的澤西島。

儘管他們去的根恩西島也屬於英國，但當地人歡迎雨果。一家人和三十五件行李箱分好幾批上路，其中一口大箱子差點掉入洶湧的怒浪裡，它裝的可都是雨果還未出版的作品手稿。還來不及安頓好一家大小，雨果就搖起筆桿寫作。批評拿破崙三世的兩本書，在黑市上偷偷的賣，雨果並沒有拿到什麼錢。幸好在巴黎出版的《靜觀集》暢銷，這本展現他的宗教體會的兩冊厚詩集不牽涉政治，可以公開出售。

《靜觀集》的第一版很快就賣完了，人們公認其中不少詩句是法國文學優美的典範。《靜觀集》以蒂汀妮去世的1843年為分界點，將雨果自1831至1856年間的作品分為兩部分。前半部他的人生藍得像晴天，充滿溫情；失去女兒，又流放異國的後半部，黑暗而沮喪。人生的起伏，讓他思考宗教的意義。早前因他流亡而不敢和他扯上關係的文壇好友們，包括大仲馬、喬治桑等大作家，在《靜觀集》熱賣後，又紛紛寫信到根恩西島向他道賀，讚美新書。

他靠《靜觀集》賺來的兩萬法郎，在根恩西島買了一棟房子，希望不要再搬家。然而，太太和女兒卻對漫無止期定居在根恩西島感到沮喪，總想著什麼時候才能回故鄉呢？

根恩西島比澤西島小，山坡更陡峭，待久了實在很無趣。但雨果倒不覺得無聊，每天黎明被附近堡壘的炮聲吵醒，他就起床寫作，直到中午十一點。正午的豔陽下，他會脫光衣服，以很冷的水當頭澆下，再用粗糙的手套擦拭身子，不管路人怎麼看他。

有了可以專心創作的環境，雨果接受出版商黑佐的建議，花了兩年寫成《歷代傳奇》。那是一系列短篇史詩，敘述 13 到 19 世紀的歷史事件，將歷史長河氣象恢宏的鋪展在讀者面前，卻又處處表現細膩動人的特寫。法國名作家儒勒・雷納爾以「只有雨果能高談闊論，其他人都結結巴巴」來形容《歷代傳奇》詩集中江河滔滔的氣勢。

1859 年，拿破崙三世頒發特赦令，允許海外對他不滿的異

議分子回國。雨果拒絕返回巴黎，不相信拿破崙三世真心誠意容納不同意見。第二帝國成立以來，法國出版的書變得俗氣膚淺，雨果寧願住在遙遠的異鄉，自由自在寫出發人深省的文字。

1870年，雨果待在冷清的根恩西島已經十五年了！遠離巴黎的最大收穫，就是他能心無旁騖專注寫作，筆下源源不斷產生史詩、小說、論文……他沒有注意到周遭的家人大多難耐寂寞，一個個離去。

妻子愛黛兒多次離開根恩西島，有時住英國，有時回法國。大兒子查爾斯離開根恩西島，搬到比利時的布魯塞爾，認識愛麗絲‧勒漢，之後二人結婚。

查爾斯婚後，愛黛兒也留在布魯塞爾。整整兩年不在雨果身邊，愛黛兒的妹妹茱麗住在根恩西島，有時候會去替雨果料理家事。

21 《悲慘世界》贏得大師定位

就在家人遠離的孤獨情況下，雨果完成了他三十歲就開始構思，多年來斷斷續續寫作的一本小說《悲慘世界》。主角尚萬強為飢餓的妹妹一家偷了一條麵包而坐牢，期間試圖逃獄被抓回，總共關了十九年。假釋出獄後走投無路，幸好得到善心的神父鼓勵。經過多年努力，慢慢爬上社會上層。當他知道他擁有的工廠開除了一位無辜的女工方婷，讓她在窮困與疾病中死去，便收容了方婷的孤女珂賽，將她養育成人。而警官沙威卻為了尚萬強的一些小過錯，一直追蹤他，想把他再抓回監獄。

雨果參考友人費德克從罪犯奮鬥到成功商人，然後積極行善的人生經歷，再加上其他見聞、想像和戲劇性的處理，創造出尚萬強這個小說人物。費德克告訴雨果社會底層貧苦民眾實際的受苦狀況，提供雨果資料寫出小說《一個死囚的末日》、《窮人克勞德》、詩集《窮人們》等以關懷窮人和法律為主題的作品。《悲慘世界》延續這些主題，但這本書厚達五大冊，對當時社會的經濟、法律、政治等各方面都有更完備、更深入的敘述，故事也更曲折起伏，沙威對尚萬強緊追不捨充滿了懸疑，都給予讀者更強烈的震撼。

官員只知道定下苛刻的法律，不去了解人民為什麼犯法。法院為小事判窮人很重的刑罰，社會不給出獄的人新生的機會。儘管社會很黑暗，幸好還有很多善心人，例如神父的慈悲，就讓尚萬強了解，幫助受苦的人可以改變他們一生，也完成自己的贖罪過程。這本放在他心上將近三十

年的小說，終於在 1861 年 6 月 30 日寫完。雨果寫給友人的信裡，特別提到當時是早上八點半，燦爛的陽光照入窗戶。

《悲慘世界》由比利時出版商拉寇克斯出版。新書問世後，雨果一直擔心讀者的反應。按捺不住心中的焦慮，他到電報局打電報給拉寇克斯，想得知讀者的接受度。電報按照字數收錢，為了省錢，雨果只發送了一個「?」在電報中。不久，拉寇克斯回了他電報，也只有一個字「！」，代表《悲慘世界》大受歡迎，雨果才放下心頭大石。

拉寇克斯以三十萬法郎買到《悲慘世界》十二年的版權，是雨果最豐厚的一筆收入。然而拉寇克斯賺得更多，1862 到 1868 幾年間，扣除成本，拉寇克斯淨賺到五十一萬七千法郎。

《悲慘世界》後來陸續被翻譯介紹到全世界。正如雨果在序中指出，《悲慘世界》是為每一個人而寫，任何地方的人們如果沒有知識、如果貧窮絕望，類似《悲慘世界》的不幸都會發生在他們身上。因此，不同國家和不同年代的人們讀了《悲慘世界》都一樣深受感動。它一而再、再而三的被改編為電影、電視劇、音樂舞臺劇等等，是雨果作品中最有全球影響力的一部，也為雨果奠定法國浪漫主義文學大師的不朽地位。

雨果生平崇拜莎士比亞，寫了一本具有史詩氣魄的文學評論《威廉・莎士比亞》，1864年出版。他不但讚美莎士比亞，也提到其他幾位西方文學史上重要的作家，如希臘史詩作家荷馬、《神曲》作者但丁、《唐吉訶德》作者塞萬提斯等十三人。雨果很謙虛，沒有把自己列入名單內。但其實他的作品無論在數量與質量上，都遠遠超過這些作家。

1865年他出版了詩集《街與森林之歌》，一改前幾本著作沉重嚴肅的風格與內容，這本詩集則是相當感性的歌頌愛情。雨果再度證明，他的筆能從氣勢磅礴的史詩，輕易轉換為輕鬆愉悅的抒情小詩。

22 做了祖父，失去妻子

1867年，六十五歲的雨果做了祖父，在布魯塞爾的大兒子查爾斯添了第一個孩子——喬吉斯。小兒子佛郎索瓦・維克多與哥哥同住。太太愛黛兒多半時間留在巴黎。一家人分住三地，每年夏天都會在布魯塞爾團聚。

雨果家人不愛留在無趣的根恩西島；富有想像力的雨果，卻總能從根恩西島隨處可見的汪洋大海得到啟發。1866年出版的長篇小說《海上冒險家》，故事裡的薩爾克島，雨果曾和家人遊玩過，在那裡他第一次看到水手們以獨特的方式攀爬峭壁，也見到走私的人躲藏的石洞。最讓雨果驚奇的是，看到漁人捕上岸的八爪章魚，八隻腳如果纏住一個人往水底拖，那人要怎樣才能掙脫逃生呢？雨果平常思考大問題的腦袋，竟為這個怪問題困擾了一段時間，他在小說裡生動描述了章魚和人的大戰。隨著《海上冒險家》暢銷，巴黎人對這種神祕的海底動物產生興趣，流行吃章魚，有人戴章魚帽，根恩西島語的章魚，從此進入法語，變成法文的詞彙。

雨果為《海上冒險家》畫了很多插圖：狂風暴雨捲起巨浪，撲向烏雲密布的天空。划著小船的水手，彷彿就要被翻騰的海洋吞下肚，看了真是驚心動魄！大作家的繪畫天分也同樣出色呢！

他一生畫了四千幅以上的圖畫。剛開始隨便畫著玩，1848 到 1851 這幾年，雨果忙於政治，寫作較少，畫畫成為他放鬆情緒的嗜好。畫中有想像出來的風景，也有幽默誇張的素描，和他的文字一樣風格多變。他的畫紙不大，多半採用黑白色調，顏料包括黑炭和咖啡渣。他從不公開展覽畫作，但會把畫做成小卡片贈送給朋友。當時的名畫家德拉克羅瓦看了雨果的畫後表示，雨果

如果以繪畫做職業，成就會勝過許多畫家。

自從第二帝國成立，巴黎的戲院就不敢上演雨果的戲。直到 1867 年，巴黎舉行世界博覽會，要把法國文化最好的一面呈現在各國遊客面前，雨果是當時最為外國人熟悉的法國作家之一，舞臺劇能輕鬆的幫助人們了解一位作家的作品，於是戲院開始排演雨果的舊作《艾那尼》。

雨果擔心這齣戲會在最後關頭被禁演，幸好拿破崙三世沒有出手干涉。雨果小女兒愛黛兒寫信告訴爸爸，觀眾看得如醉如痴，互相擁抱表達他們的興奮。座上有不少中學生，比 1830 年初次上演時的觀眾還要熱情。巴黎的名作家如大仲馬等，也來觀看睽違已久的雨果舞臺劇。

1868 年，全家年度團聚的夏日就要到了。近年健康不好的愛黛兒身體越來越弱，她寫信給丈夫說：「一旦跟了你，我不必取得你同意，就會終生不離。我願意對你甜美友善，讓你不想離開我。我最後的心願是死在你懷中。」

8月在布魯塞爾，雨果帶她坐馬車兜風，愛黛兒滿足的笑了。溫柔的雨果令她想起小時候坐在小推車裡，讓小雨果推著她在花園裡走，或坐在鞦韆上，要小雨果用力把她推上樹梢。那時候就像現在，只有他與她兩人啊！

第二天早晨，這個生養過五個子女，一輩子操勞家務，讓忙碌的丈夫可以無後顧之憂，從事想做的事業的偉大女性，就在丈夫和子女的環繞下離開了人世。雨果闔上了她的眼睛，親自護送她的棺木到維凱兒，安葬在大女兒蒂汀妮的墓旁。

回到根恩西島，雨果的生活又回到固定的軌道。他從早寫到晚不停筆，每個星期一晚上，雨果會請四十個貧困的孩子來用晚餐，這是愛黛兒生前，雨果家就一直在做的事。

23 戰亂中返回巴黎

雨果有許多受歡迎的作品，但也不是本本暢銷，例如 1869 年出版的歷史小說《笑面人》。背景是 17 世紀的英國，一個身穿熊皮，飼養一頭狼的巡迴賣藥班主，收留了一男一女兩個孤兒。男孩很小的時候，臉部被人破壞，成為總是開口大笑的怪模樣。隨著故事進展，揭開了他離奇的身世，還原他的貴族身分。他不喜歡虛偽和勾心鬥角的上層社會，最後放棄爵位，回到巡迴賣藥的班子裡。

儘管故事曲折好看，《笑面人》卻銷路普通。讀者的口味已經轉向寫實主義*，更喜歡讀從日常生活和平常人物做素材的小說，覺得比歷史小說更親切。

1869 年，第二帝國出現危機。人民爭取言論自由的抗爭越來越激烈，工人經常罷工。再加上鄰國普魯士（德國的前身）首相俾斯麥上任以來，國勢日漸強盛，嚴重威脅到法國。拿破崙三世腹背受敵，因而病倒。

雨果的大兒子由布魯塞爾回到巴黎，他和弟弟及以前《事件報》的兩位編輯決定再辦一份報紙，監督第二帝國。遠在根恩西島的雨果，贊成他們的想法。透過信件來往討論，大家將報紙定名為《提醒報》，5 月 8 日一出刊，銷量馬上達到五萬份。

1870 年 5 月，法國舉辦公民投票，七百五十萬人贊成維持第二帝國。自以為政權穩固下來的拿破崙三世，看到法國人民對普魯士垂涎西班牙普遍不滿，在 7 月 15 日向普魯士宣戰。面臨外

＊**寫實主義**：19 世紀興起於法國的文學風潮，主張對大自然和當代生活做準確、詳盡和不加修飾的描述，捨棄浪漫主義理想化的想像。

敵，雨果的良心開始掙扎，如果法國戰勝，拿破崙三世的地位會更加鞏固，難以動搖；但若戰敗，國家必將受到屈辱。他是不是該回去捍衛祖國，不管是帝國、王國，還是共和國，寧願戰死，也不屈服於外敵？

他一時無法決定，想先到布魯塞爾再說。8月9日，情勢變得相當明朗，法國一連敗了三場戰役，普魯士即將包圍巴黎。雨果不能再觀望了，他到比利時的法國領事館申請回巴黎的護照。

9月3日，拿破崙三世投降並退位。4日，法國宣布改帝國為共和國。匆促成立的政府面對敵軍入侵，被稱為「國防政府」。第二天，雨果一家老小，包括新添的小孫女靜，由布魯塞爾搭上火車，趕回巴黎。火車抵達巴黎車站，裡外已聚集了大批歡迎的民眾。面色蒼白的雨果，看著大鐘對身邊的一位年輕作家克萊瑞提說：「這一刻我已經等了十九年了！」

雨果先到車站對面的小咖啡店休息，他站在陽臺上，隨後在馬車上，都對群眾打招呼。他們高喊：「雨果萬歲！」還有人背誦他在《伐罪書》裡的句子。

看到普魯士軍隊包圍巴黎，他很生氣，立刻發表對德宣言，呼籲普魯士退兵。他的《伐罪書》在許多戲院內被朗讀，雨果把從觀眾身上收到的錢，用來買槍炮支援法軍。其中一把槍，還以雨果命名。雨果在戲院裡遇見久別的老友們，他們熱烈擁抱，旁觀的人深受感動，眼眶泛淚。回到熟悉的環境真好！

然而，巴黎已經失去了舊日的風華，在敵軍的炮火下灰頭土臉。炮火毀掉很多建築物，包括雨果結婚的聖母教堂。巴黎城內處處可見熊熊火焰燒紅了天空，人心惶惶，他們埋怨國防政府不能擊退普魯士軍隊。

圍城內的糧食越來越少，很多人冒著槍炮轟

擊的危險，到田野採摘蔬菜。肉攤上出現貓肉和狗肉，還傳說有人吃老鼠肉做的餡餅。雨果甚至還收到動物園長派人送來的熊、鹿、羚羊等動物的肉。缺糧情況下，人都吃不飽了，哪裡還有食物可以餵食動物，只好把牠們殺了果腹。

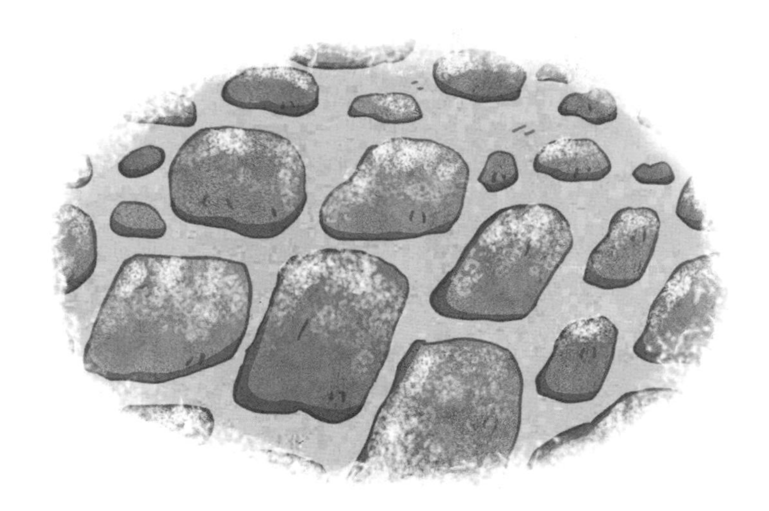

24 國事家事兩悲哀

圍城令工廠紛紛關門，工人原來收入就不高，沒有薪水的生活更苦，很多人走上街頭抗議。大約三十萬巴黎工人和底層民眾組成「國民自衛軍」，其中有很多激進分子，主張盡量減少政府機構，由人民高度自主，成為很多人嚮往的「無政府主義」。這些人不斷要求雨果站出來支持他們。雨果同情他們的想法，也不滿意沒有能力控制局面的國防政府；可是，他認為普魯士軍隊正包圍巴黎，法國人必須團結在一起，若是推翻現有的國防政府，情勢只會更混亂。

1871年1月28日，巴黎飄著白雪，普魯士和法國協議暫時停火。由於巴黎亂成一團，政府決定將新成立的國會搬到西南部的波多克斯市，商討怎麼和普魯士談和。雨果是代表塞納河區的議員。儘管談和是件屈辱的事，然而身為公民，他有責任為法國爭取尊嚴。

然而雨果和其他政治人物，卻為了加里波第意見不合而激烈爭吵起來。加里波第領導義大利民族統一運動，希望將義大利各城聯結成一個統一的國家。加里波第支持法國推翻拿破崙三世，成立第三共和國。沒想到，和雨果在波多克斯市開會的那些政客，不承認義大利選出的政府是合法的。雨果不認同這種以法國利益為重，而犧牲別國的做法，憤怒退席抗議。

3 月 13 日，他和兒子查爾斯、媳婦愛麗絲和另外三位友人，約好在波多克斯市的餐館一起吃飯。所有的人都到齊了，只差查爾斯。他們等了又等，看到馬車夫神色倉皇的走進來，對餐館內的客人大喊：「一位要到這裡用餐的客人，死在我的馬車上，你們知道是誰嗎？」雨果等人憂心忡忡的跑去馬車邊看 ， 竟然就是他們久等的查爾斯！他死於腦溢血時，還不到四十五歲。

查爾斯也是一位有天分的作家，試著寫過劇本和小說；可惜父親的名氣太過響亮，他對在父親面前談論文學缺乏信心，不敢把作品拿給雨果看，一生過得並不快樂。幸好他的婚姻和子女，帶給他生命最後幾年最大的滿足。雨果將查爾斯安葬在家庭墓園裡，讓祖孫可以互相做伴。

查爾斯的棺木埋進泥土前，雨果跪下來親吻它，告別這個長年在自己身旁，如同左右手的長子。失去他，雨果好像斷了一條手臂。讓雨果感

到安慰的是，許多陌生人自動出席葬禮。他們握住雨果的手，傳達對雨果的敬愛，讓雨果感動的說：「這些人多愛我，我也愛他們。」

查爾斯婚後一直住在布魯塞爾，雨果一家人必須到他的故居處理一些事務。身在異國，雨果仍關注巴黎的發展。但不幸的是，法國人在敵軍虎視眈眈下，仍彼此惡鬥。「國民自衛軍」在 3 月 28 日宣布成立巴黎公社，成為管理巴黎的政府。他們反對遠在波多克斯市的國會，不承認議和條約。巴黎公社處死了兩位將軍來壓制反抗者。原先的政府軍從凡爾賽反攻巴黎，5 月 28 日消滅了掌權僅有兩個月的巴黎公社。新成立的國會，起訴巴黎公社的有關人員，上萬人被處死、監禁、流放……整個巴黎還是處在一團亂局中。

巴黎這種情形讓喪子的雨果心裡格外沉重。雨果表示，如果他使得上力，他會再度返回巴黎。

25 一生學到的政治體會

雨果在布魯塞爾時，陸續有朋友於巴黎受到迫害，不得不逃到布魯塞爾，請求雨果收容。雨果將他在貝瑞凱茲四號的房子開放給他們安身。他呼籲比利時政府不要對這些流亡分子關上門，他們可能是無辜的反對者。

自己嘗過為了政治理念流亡海外的痛苦，雨果對那些人的遭遇感同身受。他的行動獲得不少讚揚的信，但也在半夜被砸窗的石頭驚醒，然後聽到街上傳來咒罵的聲音。更嚴重的是，比利時政府因為眾多反對聲浪，下令這位麻煩人物快點離開，以後也不歡迎再來，雨果只好前往盧森堡。

雨果一家在唯安敦鎮落腳，他將家人安頓好後，自己搬入對街一間可以俯瞰奧爾河的古屋，做為專心寫作的住所。他為這棟橋邊房子畫了一幅畫。上回結束流亡回到巴黎，紛亂的時局使他無法專心寫作，他不能再浪費時間了。可是，他又怎能完全放下國事，住在象牙塔內吟風頌月呢？這個朋友被捕，那個朋友處境危險，壞消息持續干擾著他，雨果只能藉著寫詩來讚美可敬的友人們。

兩個月後，他回到亂糟糟的巴黎。《提醒報》終於取得政府同意復刊了，依舊是人民喝采，政府頭疼的一份自由之聲。

1872 年 1 月舉辦國會選舉，雨果沒有當選，因為他同情巴黎公社的立場，讓民眾不安。這時候，雨果的某些舊作再度被搬上舞臺，受到觀眾好評。戲院經理們動腦筋到雨果的其他舊戲上。雨果本人卻不熱衷舊戲新演，他認為每演一齣舊戲，就阻礙他把精力放在創作新戲上。已經七十歲的雨果，

了解他只剩幾年可以創作，寧願將時間花在實現幾個藏在心中多年的構想上，寫出更多新作。

他把巴黎圍城期間發生的事，寫成一首首敘事詩，成為《可怕的一年》詩集。或許那段時間給予巴黎人太多痛苦，他們不想再去回味，《可怕的一年》沒有得到太多注目。

夏天，雨果又回到根恩西島。那座被海洋包圍、與世無爭的小島，永遠是雨果的避風港。他在島上寫了不少文字。家人來島上度假，一對孫兒女的笑聲填滿了偏遠的濱海小屋。年輕人很快就厭倦了沒有社交生活的根恩西島，雨果將他們送上前往碼頭的馬車，小孫女喊著「爺爺，爺爺，上車啊！」老爺爺只是微笑，關上馬車門，看著一家人消失在路的盡頭。

連巴黎的老友們也催他回來，在政壇上再發揮影響力。然而，雨果對政治活動的興致不比以往了，他說：「我在根恩西島一個星期完成的工作，比在巴黎一個月還多。」

雨果在根恩西島寫完長篇小說《93 年》，敘述 1793 年法國大革命期間，布列塔尼半島上的保王派和共和國軍人作戰，互相敵視，非把對方弄死不可。其實，儘管政治信念對立，但雙方人物都有可敬的人格。故事裡有一個農婦蜜雪兒，帶著三個年幼的孩子逃難。她本是一個同情王室的鄉下人，先受到共和國軍人保護，最後由保王派的軍人冒險從火窟救出三個孩子。蜜雪兒一家代表夾在政治對立陣營中間，深受其害的老百姓。

蜜雪兒顯然有雨果媽媽的影子。受到來自布列塔尼的媽媽影響，雨果幼年時候同情被推翻的路易十六王室；隨著年紀增長，他理解民主自由的重要，而支持爸爸那批人建立共和國的訴求。可惜兩個拿破崙帝國，以及一連串不同王室，接連試圖回到專制制度，法國遲遲沒能真正建立起大革命時所憧憬的共和國。雨果經歷過這些政局變動，體會到即使政治立場不同，也不應該互相仇視，而影響到家人和朋友之間的感情。

書中一位共和國軍人在被處死的前一晚，說出他盼望的未來社會應做到：「政府少干涉，不必繳稅，科技進步，兩性平等。」

《93 年》是雨果最後一本長篇小說，展現他從童年到晚年，花了一生學到的政治領悟。

26
晚年最甜蜜的寶貝

1873 年的夏天，雨果回到離開一年的巴黎。當政者又換了人，軍人的勢力很大。政府仍管制人民言論，百姓擔心軍人再度發動政變。

小兒子佛郎索瓦・維克多，得肺結核病已有一段日子了。在 19 世紀，那是難治的病，多虧嫂嫂愛麗絲細心照料。雨果搬去和他們同住，陪小兒子走完人生最後一段路。12 月，佛郎索瓦・維克多去世。雨果在日記裡寫道：「我生命中又一個嚴重的破碎，現在只剩下喬吉斯和靜了。」

1874 年的元旦，雨果在凌晨兩點醒來，寫下一句心中突然湧現的話：「我現在還擅長什麼？死亡。」

不！雨果最擅長的，還是搖動著手中的筆，

將心裡無數的意念感受，源源不絕化做不朽的傳世作品。

雖然一日中花費很多時間寫作，七十二歲的雨果身體仍舊健壯。他們搬到一棟四層樓的房子居住，雨果爬上四樓毫不喘氣，更了不起的是，活到這把年紀才第一回牙疼。

一大早他就起身寫作，晚上家裡常有一群作家來高談闊論，包括把他當做聖人敬仰的名作家福樓拜。政治人物也開始上門了，經過時間的淡化，人們已不在乎雨果同情巴黎公社的往事。他們又把雨果當導師看，向他請教對時局的看法，敦促他出來競選國會議員。1876 年 1 月，他順利當選。

議院仍為各種問題吵吵鬧鬧。有一天，他在議院發表一場冗長的演講，第二天早晨，八歲的孫女靜跑進雨果房間，問爺爺議院的反應怎麼樣。但對七十五歲的雨果來說，待在議院的時間遠不及和一對孫兒女相處來得愉快。1877 年，雨

果出版一本詩集《做祖父的藝術》。一向喜愛兒童天真自然的雨果，失去兒女後格外疼愛孫兒女。他們都長得非常漂亮，喬吉斯比較嚴肅，妹妹靜有點任性，但很容易開心。雨果和他們玩遊戲，為他們畫像，收集他們用過的東西，記下他們說過的話……這些生活細節給雨果靈感，寫出一首首詩，抒發做祖父的感受。他總是叮嚀孫兒女試著去尋找愛，從愛中給人快樂，也得到快樂。

《做祖父的藝術》呈現詩人個人感情和他個性中平易近人的一面，讓讀者覺得親切溫馨，第一版幾天內就賣光了，巴黎人都從心底疼愛這對小兄妹。

27

七十九歲生日全國同慶

1878 年 6 月的一個炎熱夜晚，飽餐後的雨果和友人激烈爭辯，發生了輕微中風現象，友人請他立刻住到根恩西島休養。果然在安靜的島上，他很快復原。這似乎是上天給予他的一個警告，他已不再年輕了。

接下來的幾年，雨果並未隨著形體衰老而放下筆。他感到在世的日子急遽消失，必須將一些擱置很久的舊稿出版，有些年輕時寫的不完美作品，也得增刪潤飾，重新印行。1879 到 1883 年，他出版的幾冊詩集，都是經過整理後的舊作。

《崇高的感情》是由十五段文字組成的長詩，雨果希望它能為巴黎公社的支持者求取特赦。詩中指出，為了爭取自由的崇高目標，上天容忍法國大革命期間的暴力行為。

《宗教與信仰》肯定上帝的存在與大愛，但反對宗教組織如教會，譴責他們的官僚氣，且控制信徒的生活起居和思想。

《驢子》不是一本講動物的寓言書，而是一首三千行的長詩，挖苦一大批哲學家、神學家和學者，思想及行為如同驢子一般愚蠢可笑。而在他五十四歲出版的《靜觀集》內，他稱讚另一批哲學家、神學家和學者值得尊敬。

雨果五十七歲時出版《歷代傳奇》，後來經過多年修改，終於出了第三版，是最後的版本。

時光匆匆，雨果不覺間接近八十高齡了。政府等不及要為這位國寶級的文豪大肆慶祝一番，預定從雨果七十九歲生日那天開始，舉辦整年的慶祝活動，慶賀他進入人生第八十年。七十九歲雨果生日當天全國放假，好讓人們到他住的依路街遊行慶

祝。群眾經過雨果家，可以看到老詩人和他的一對孫兒女在窗前揮手。從早到晚，雨果看著六十萬法國人從窗下經過向他致敬，一點也不感覺辛苦。2月的冬天開著窗，也不感覺寒氣凍臉。

外省代表來到巴黎，送上鮮花祝賀，鮮花堆得像一座小山。重要官員前一天已經親自登門道賀。學校取消所有的處罰，讓大家開開心心為雨果慶生。

7月，政府將他住的依路街改名為維克多・雨果街，朋友們可以在信封上寫著「給維克多・雨果先生，住在與他同名的街道上」。7月14日，慶祝法國國慶日的遊行隊伍經過雨果街，演奏他最愛聽的國歌〈馬賽進行曲〉。7月21日，紀念天主教聖人的聖維克多節，因為和雨果同名，顯得格外有意義。

慶祝一個偉大作家的生日，還有比關注他的作品更直接的方式嗎？1882年，法蘭西戲院的經理，

策劃重新推出五十年前上演一晚就被禁演的《國王尋樂》，並且刻意安排在同一天 11 月 22 日上演。雨果坐在經理包廂內觀賞，共和國的總統葛瑞維也來看戲，向雨果致敬。

28 精彩一生光榮謝幕

1881年8月31日，七十九歲的雨果寫下遺囑：「上帝、靈魂、責任，人類有這三重信念足夠了，我自己就是。它們是真正的宗教，我活在其中，死在其中，真理、光明、正義、良知，就是上帝！」雨果和教會的關係長期不好，教會將雨果的許多作品列為禁書；他也毫不客氣的譴責教會人員腐敗和官僚作風。他家人和自己的葬禮都不安排神職人員主持儀式。但他並不否認宇宙之中有上帝的存在，祂是人類良心的歸依。他只是反對宗教組織，以高高在上的權勢控制民眾。

有人問他到底信什麼宗教，他回答說自己是一個「自由思考者」，不受到任何宗教教義的刻板束縛。

雨果也在遺囑裡指定留下四萬法郎給窮人，並以窮人的靈車運送他的棺材到墓地。所有的手稿和繪畫交給巴黎國家圖書館典藏。雨果希望有一天，這座圖書館變成全歐洲的圖書館，反映了他的心願，未來歐洲各國能像美國各州一樣，凝聚為一個國家。

最讓雨果不放心的是有精神病的小女兒愛黛兒。她和雨果的二哥友敬一樣，有家族遺傳的精神分裂症。二十五歲隨同雨果流亡澤西島時，遇見一位英國軍官平森。她先拒絕平森求婚，後來反悔，平森卻無意再和她交往。之後，愛黛兒經常尾隨平森調駐各地，包括遠離歐洲的加拿大海利法克斯和西印度群島的巴貝多。起初還和家人保持通信，後來漸漸失去聯絡。當她被巴貝多的友人送回法國時，已經神智不清，雨果只好把她送進精神病院療養。

雨果指定每年給女兒八千法郎的生活費，其餘財產都給孫兒女。雖然他的媳婦愛麗絲已經再嫁，他每年還是給她生活費，並增加到一萬二千法郎。

遺囑中也指定，每年給一位勇敢的女士固定的生活費。她就是多年來陪伴在雨果身邊的紅粉知己茱麗葉・杜威。她曾是一位演員，1833 年因為演出雨果戲劇而結識。她細心、耐心照顧不擅處理日常事務的雨果。在政事紛亂、槍林彈雨的巴黎，茱麗葉隨時提醒雨果注意安全，不惜用身體做雨果的盾牌。從一個地方逃亡到另一個地

方，在驚險勞累的途中，茱麗葉費心保存雨果一大箱未出版的稿件。在生活單調的澤西島和根恩西島上，茱麗葉也不離開她心中永遠的偶像——雨果。她為他謄寫一張張書稿，給予他鼓勵和建議，傾聽他的埋怨。經過三十多年，雨果的家人也都陸陸續續接受了這位默默付出的雨果摯友，把她當做家庭的一分子。

妻子與孩子相繼去世，雨果晚年只剩下比他小四歲的茱麗葉在身旁照料。1883 年 5 月 11 日，總是像母親般包容他的茱麗葉，以七十七歲高齡病逝，雨果悲傷得無法出席她的葬禮。

茱麗葉去世後兩個多月，雨果向朋友表達了之前遺囑中同樣的心願，但因為不再需要給茱麗葉生活費，所以雨果把贈予窮人的錢加到五萬，這回連棺木都要用窮人使用的簡陋材質。最後他說：「我就要閉上人間的眼，但我的精神之眼，將睜得更大！我拒絕所有教堂的祈禱，我請求每一個靈魂為我禱告。」

1885 年 5 月 18 日，雨果得了肺炎，他知道離世的日子近了，以西班牙語對友人說：「欣然接受（死亡的到來）……這是日與夜交戰的戰場。」

5 月 22 日，他對孫兒女說：「我看見黑色的光……」，就闔上眼睛過世了。孫子喬吉斯形容祖父的離去如同「雷電和冰雹的風暴落在巴黎，年老的神祇為最後的痛楚受苦」。

政府機關哀悼雨果逝世，停止運作一天。政府決定讓雨果葬在先賢祠，它的宗旨鐫刻在大門上：

獻給偉大的人們

感激他們的家園　致敬

雨果在法國文學和引導思想革新上的成就，符合偉人的定義，進入先賢祠安息，受之無愧。

雨果的棺木在夜晚移靈到凱旋門供人

瞻仰。騎馬的衛士高舉火把，替數以萬計來自法國各地的群眾照路。下葬那天，有兩百萬人民跟在雨果的棺木後，從凱旋門走到先賢祠。路的兩邊有數不清的民眾高舉著牌子，上面寫著雨果著名的作品名稱，如《悲慘世界》、《秋葉詩集》、《93 年》等等。

文豪雨果受到的身後哀榮，遠遠超過眾多國王和皇帝。他的作品，更代代相傳到全球各地。

後記

你看過義大利作曲家威爾第的著名歌劇《弄臣》嗎？一個專門討好國王，幫他找女人的小丑，發現國王竟然偷偷勾搭上他的寶貝女兒！這個引人入勝的故事，改編自雨果的《國王尋樂》舞臺劇。你一定看過迪士尼卡通片《鐘樓怪人》吧！或是音樂劇改編的電影《悲慘世界》，那些扣人心弦的劇情都出自雨果腦中。

他的作品故事曲折，人物鮮活，不斷給予世界各國的文藝工作者創作的靈感。僅僅在音樂領域，就有一百齣以上的歌劇與他的作品有關。義大利作曲家威爾第、唐尼采第、蓬基耶利等等，都曾將雨果的作品改為歌劇。雨果的作品也常被他人編成芭蕾舞劇和百老匯音樂劇。為雨果的詩譜上曲子成歌的作曲家就更多了，包括比才、李斯特、聖桑、華格納等，總計和雨果作品有關的樂曲超過千件。

雨果不僅產量豐富，風格多變，他還努力改變社會現狀。他關心窮人、婦女、身心障礙人士等社會弱勢族群。作品指控法律不公、貧富懸殊，影響到英國小說家狄更斯、俄國文豪杜斯妥也夫斯基、法國的卡謬等。可說是法國 19 世紀浪漫主義作家中最有影響力的一位大師。

八十三年的人生，正逢法國政治最動亂的年代，從推翻路易十六到第三共和的路，磨難重重。雨果一生經歷兩個帝國、三個王室，無論是專制王朝，還是共和國，雨果捍衛自由，反抗強權，不惜流亡國外十九年。他的勇氣和毅力鼓舞了法國人

民，終於建立真正的民主政治共和國。

雨果也關懷全世界，從英國到美國，哪裡有不公不義的事，雨果知道後，總盡他的力量發聲指責。

雨果的將軍爸爸從西班牙撤退時，炸掉當地堡壘，毀壞三座教堂尖塔，還把許多西班牙藝術品搬到法國和盧森堡的宮廷。之前，媽媽帶兄弟們去看西班牙民族英雄愛西的墓碑，發現法軍不了解它的歷史意義，竟把它當射擊的槍靶。雨果長大以後，努力維護古老建築，如巴黎聖母院。

當他知道英法聯軍入侵中國，且將圓明園中的珍奇古玩搶回英法，帶不走的就砸爛，最後放一把火燒掉有歷史價值的圓明園，他義憤填膺，指責英法聯軍是不文明的強盜。

本書書名中的「浪漫心」三字，既點明他是

19 世紀法國最有成就的浪漫主義文豪，也顯示他在動亂時代永遠堅持浪漫主義者所追求的理想信念。

法國作家羅曼羅蘭讚揚雨果是俄國的托爾斯泰，擔當起人類牧羊人的重任。這種關愛全人類的悲天憫人胸懷，使得雨果和他的作品，在一百多年後，仍然受到全世界的高度景仰。

1802 年　2 月 26 日，維克多・雨果出生在法國靠近瑞士的貝桑松。

1819 年　與鄰居愛黛兒相愛。獲得法國研究院金百合詩獎。三兄弟合辦雜誌《保守文學》。

1822 年　出版第一本書《頌詩與雜詠集》。政府給予每年一千法郎的獎助金，贊助寫作。與愛黛兒完婚。二哥精神病發作。

1825 年　獲選在國王查理十世加冕典禮上朗誦詩。政府頒發法國榮譽軍團勛章。

1831 年　《巴黎聖母院》和《秋葉詩集》問世。

1841 年　當選法國研究院的院士。

1843 年　歷史劇《衛戍官》反應不佳，雨果不再寫劇本。大女兒李歐波汀 2 月結婚，9 月溺斃。

1851 年　躲避路易・拿破崙的迫害，離開法國前往比利時，開始十九年流亡國外的經歷。

1852 年　路易・拿破崙登基為皇帝，改稱拿破崙三世。

雨果搬到英國的澤西島。寫《拿破崙小人》。

1855 年　再度搬家，定居根恩西島。

1861 年　完成不朽小說《悲慘世界》。

1868 年　妻子愛黛兒去世。

1871 年　大兒子查爾斯死於腦溢血。在布魯塞爾處理遺產時，遭比利時政府驅逐，前往盧森堡，9 月返回巴黎。

1873 年　寫完最後一部長篇小說《93 年》，反映一生的政治體會。回巴黎陪伴得了肺結核的小兒子佛郎索瓦・維克多走完人生。

1881 年　從雨果七十九歲生日開始，舉辦整年慶祝活動，慶賀雨果人生進入第八十年。政府將雨果住的依路街，改名為維克多・雨果街。

1885 年　維克多・雨果 5 月 22 日去世，入葬先賢祠。

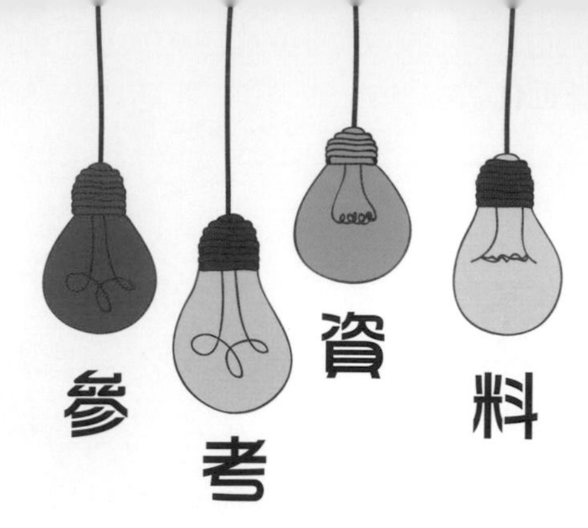

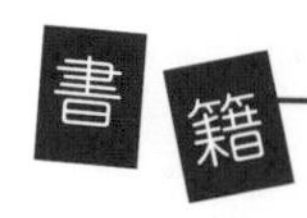

- *Victor Hugo A Biography*／Graham Robb 著
- *Victor Hugo and His World*／Andre Maurois 著

生命教育首選讀物

養成良好品格，激發無限潛力，打造下一個領航人物！

你可以像自由鬥士曼德拉一樣找到自己的理想嗎？

你能像世界知名設計師可可・香奈兒一樣隨時發揮創意嗎？

你想成為像搖滾巨星約翰・藍儂一樣的萬人迷嗎？

讀完他們的故事，你也做得到！

- ◆ 近代人物，引領未來航線
- ◆ 橫跨領域，視野真正全面
- ◆ 精采後記，聚焦全書要點
- ◆ 彩色印刷，吸睛兼顧護眼

全系列共二十冊
陸續出版

普契尼 莎士比亞 珍·奧斯汀 安徒生 愛倫坡 狄更斯 屠格涅夫 艾爾寇特 馬克·吐溫 路易斯·卡羅 羅伯·史蒂文生 喬托 達文西 米開蘭基羅 拉斐爾 拉突爾 林布蘭 維梅爾 米勒 狄嘉 塞尚 羅丹 莫內 盧梭 高更 梵谷 孟克 羅特列克 康丁斯基 蒙德里安 克利 巴哈 莫札特 貝多芬 舒伯特 蕭邦 威爾第 小約翰·史特勞斯 柴可夫斯基 德弗乍克

兒童文學叢書

藝術家系列

文學家系列

音樂家系列

如果世界少了**藝術**、**文學**和**音樂**，

人類的心靈就成了荒涼的沙漠。

滿足了孩子的口腹之欲後，如何充實他們的**心靈世界**？

邀集海內外知名作家，全新創作，並輔以精美插圖。文學性、知識性與視覺美感兼具，活潑生動的文句，深入淺出的介紹40位大師的生平事蹟，不但可增加孩子的語文能力，更是最好的勵志榜樣。

兒童文學叢書

童話小天地

童話的迷人，
正是在那可以幻想也可以真實的無限空間，
從閱讀中也為心靈加上了翅膀，可以海闊天空遨遊。
這一套童話的作者不僅對兒童文學學有專精，
更關心下一代的教育，
出版與寫作的共同理想都是為了孩子，
希望能讓孩子們在愉快中學習，
在自由自在中發展出內在的潛力。

——簡宛（知名作家）

丁伶郎　奇奇的磁鐵鞋　九重葛笑了　智慧市的糊塗市民
屋頂上的祕密　石頭不見了　奇妙的紫貝殼　銀毛與斑斑　小黑兔
大野狼阿公　大海的呼喚　土撥鼠的春天　「灰姑娘」鞋店
無賴變王子　愛咪與愛米麗　細胞歷險記